Foie-gras
Geflügel
Cocktails
Fleisch
Bocadillos

TAPAS
im 21. Jahrhundert

Die molekulare Küche

Eier
Früchte
Schokolade
Fisch
Miniaturküche
Meeresfrüchte

von **Paco Roncero**

IMPRESSUM

HEEL Verlag GmbH
Gut Pottscheidt
53639 Königswinter
Tel.: (0 22 23) 92 30-0
Fax: (0 22 23) 92 30-13
E-Mail: info@heel-verlag.de
Internet: www.heel-verlag.de

Konzept:
Paco Roncero, Fernando López

Fotografie:
Javier Peñas Capel, Paco Roncero

Design:
César Martin

Übersetzung:
Kristina Rönnebeck

Lektorat:
Sabine Elbers, Juliane Waltke

Satz:
Muser Medien GmbH, Königswinter

Druck:
Group Zanardi, Italien

Printed and bound in Italy

ISBN 978-3-89880-801-9

Alle in diesem Buch aufgeführten Weine können über die ENÓLOGOS AG, Europallee 33e, 50226 Frechen, Tel.: 02234/6010-0, *www.enologos.org*, bezogen werden.

1

Olivenöl

Wir gehen mit diesem wunderbaren und mediterranen Produkt einmal anders um.

Die Olivenölkultur ist in Spanien sehr ausgeprägt und deshalb wollte ich Gerichte machen, bei denen ich mithilfe der neuen Techniken und Technologien andere Texturas schaffe.

Sie werden sehr unterschiedliche Rezepte zu sehen bekommen, in denen Olivenöl benutzt wird, aber nicht nur zum Anrichten und Frittieren ... in diesem Fall spielt das Olivenöl die Hauptrolle.

An den Namen der Rezepte kann man erkennen, dass ich sehr viel Wert auf die Olivensorte lege, die dafür genommen wird. Das ist sehr wichtig, denn jede einzelne Sorte hat einen ganz eigenen Charakter, ein eigenes Aroma und einen absolut unverwechselbaren Geschmack.

Bisher wurde Olivenöl in der Küche zum Anmachen, Frittieren, zum Hervorheben oder zum Binden von Geschmack benutzt. Aber es gibt eine Menge Anwendungsmöglichkeiten, bei denen das Olivenöl perfekt ein eigenes Gericht rechtfertigen kann, vor allem wegen seiner Textur, denn sein Geschmack ist bereits als absolut wichtig akzeptiert. Zwei Kriterien entscheiden darüber, ob ein Lebensmittel akzeptabel ist oder nicht: sein Geschmack und seine Textur.

In diesem Kapitel

Empfohlenes Gericht	Technik / Konzept	Temperatur	Schwierigkeit	Empfohlenes Getränk
Ravioli aus Olivenöl virgen extra der Sorte Picual mit Blumenkohlpüree und Forellenkaviar	Texturisation des Öls / Teiglamellen aus Öl - neue Olivenölpasta	Lauwarm	★★★☆☆	Verdejo D. O. Rueda
Gummibärchen aus Olivenöl virgen extra der Sorte Arbequina	Texturisation des Öls / *pattê de fruit*	Zimmerwarm	★☆☆☆☆	Moscatel de la Marina D. O. Alicante
Butter aus Olivenöl virgen extra der Sorte Hojiblanca	Texturisation des Öls	Zimmerwarm	★☆☆☆☆	Brut Nature D. O. Cava
Püree aus Olivenöl virgen extra der Sorte Picudo und Kartoffeln mit Drachenkopf in Salmorejo	Texturisation des Olivenöls / Kartoffelpüree mit Olivenöl	Warm	★★☆☆☆	Albariño D. O. Rías Baixas
Coulant aus Olivenöl virgen extra der Sorte Ocal mit Gambas	Texturisation des Olivenöls / Flüssiges *Coulant*	Warm	★★★☆☆	Sauvignon Blanc D. O. Rueda

Ravioli aus Olivenöl virgen extra der Sorte Picual mit Blumenkohlpüree und Forellenkaviar

Zutaten

Olivenölpasta
100 ml Wasser
100 ml Olivenöl virgen
¼ Blatt Gelatine
0,8 g Johannisbrotkernmehl (E-410)
0,8 g Xanthan (E-415)

Blumenkohlpüree
100 g Blumenkohl
10 g Butter
10 ml Sahne
2 g Salz

Forellenkaviar
25 g Forellenkaviar

Zubereitung

Olivenölpasta

1. Das Olivenöl mit Xanthan und Johannisbrotkernmehl vermischen.
2. Bei niedriger Hitze köcheln und langsam das mit Salz vermengte Wasser zufügen, bis eine homogene Masse entstanden ist.
3. Vom Herd nehmen und das zuvor in kaltem Wasser eingeweichte Gelatineblatt dazugeben.
4. Die Pasta noch warm auf zwei Silikonpapieren ausrollen, sodass Lamellen von 2 mm Dicke entstehen, und im Kühlschrank aufbewahren bis diese abgekühlt sind.
5. 5 cm große Quadrate daraus schneiden und bis zur späteren Füllung weiter im Kühlschrank aufbewahren.

Blumenkohlpüree

1. Die Blumenkohlröschen mit einem scharfen Küchenmesser abschneiden und dabei die Stiele entfernen.
2. In kaltes Wasser ohne Salz legen und bei niedriger Hitze 45 Minuten lang köcheln.
3. In einem Sieb abtropfen lassen und in einen Mixer geben.
4. Blumenkohl und Sahne pürieren, bis ein feines Püree ohne Klümpchen entstanden ist.
5. Zum Schluss durch ein feines Sieb passieren und mit Salz abschmecken.

Forellenkaviar

1. Den Inhalt einer Dose Forellenkaviar in ein Sieb mit Metallmaschen schütten.
2. Bis zum weiteren Gebrauch in einem luftdicht verschlossenen Gefäß im Kühlschrank aufbewahren.

Olivenölravioli mit Blumenkohlpüree

1. Das Püree auf jedem Pasta-Quadrat verteilen.
2. Die Außenseite der Ravioli mit den Fingerspitzen anheben, danach das gleiche mit der Innenseite wiederholen. Die Seitenteile zusammen drücken und bis zur Mitte falten, sodass quadratische Ravioli daraus entstehen.
3. Bis zur Fertigstellung im Kühlschrank aufbewahren.

Fertigstellung und Präsentation

Die Ravioli 10 Minuten vor dem Servieren aus dem Kühlschrank nehmen.
Im Salamander erwärmen, bis das Blumenkohlpüree die Temperatur angenommen hat.
Die Ravioli auf einem Chinalöffel anrichten und darauf den Forellenkaviar platzieren.

der Sorte Arbequina

Zutaten

Olivenölgummibärchen

50 ml Wasser

100 ml Olivenöl der Sorte Arbequina

40 g Puderzucker

50 g Isomalt

12 g Glukose

2 Blatt Gelatine

2 Vanilleschoten

Außerdem

50 g Zucker

3 g Vitamin C

Zubereitung

Gummibärchenmasse

1. Wasser, Zucker, Glukose und Isomalt in einen Topf geben.
2. Fünf Minuten lang bei 90 °C erwärmen, dabei ununterbrochen rühren.
3. Die warme Mischung in einen Mixer geben und langsam das Olivenöl zugeben, um so eine homogene Emulsion herzustellen.
4. Das Vanillemark zufügen, das wir aus den in der Mitte geöffneten Schoten geschabt haben.
5. Die Mischung durch ein Sieb mit Metallmaschen passieren und in selbiger die zuvor eingeweichten Gelatineblätter auflösen.
6. Die Olivenölmasse in eine Form von 1,5 cm Höhe geben und in den Kühlschrank stellen, damit sie fest wird.

Fertigstellung und Präsentation

1. Die Masse mit Hilfe eines Küchenmessers und einem breiten Spachtel aus der Form lösen.
2. Daraus Rechtecke von 3 x 1,5 cm formen und in Zucker wälzen.
3. Zum Schluss eine Messerspitze Vitamin C auf die Gummibärchen geben.
4. Auf einem Schieferbrett präsentieren.

Butter aus Olivenöl virgen extra der Sorte Hojiblanca

Zutaten

Butter aus Olivenöl
100 ml Olivenöl virgen
50 g Kakaobutter
5 g Salz

Brotchips
1 Ciabatta-Brot

Außerdem
4 Cremetuben
2 g Maldon Salz

Zubereitung

Olivenölbutter

1. Die Kakaobutter bei einer Temperatur von 35 °C schmelzen.
2. Olivenöl virgen dazugeben.
3. Die Temperatur der Mischung bis auf 2 °C absenken und damit arbeiten bis diese 15 °C erreicht hat.
4. Die Olivenölbutter mit Hilfe eines Spritzbeutels in die Tuben füllen.
5. Die Tuben verschließen, indem das Ende eingerollt wird.
6. Bis zum Gebrauch bei Zimmertemperatur aufbewahren.

Brotchips

1. Das Ciabatta-Brot in Portionen von 15 cm schneiden und einfrieren.
2. Mit der Brotschneidemaschine in Streifen von 3 mm schneiden.
3. Jeden Streifen in der Mitte falten, damit er an Umfang zunimmt.
4. Die Brotstreifen bei 180 °C im Ofen leicht goldbraun rösten.
5. Zwischen Alufolie in einer Plastikdose an einem trockenen Ort aufbewahren.

Fertigstellung und Präsentation

Die Brotchips zusammen mit der Tube Olivenölbutter servieren.
Mit Maldon Salz würzen.

Püree aus Olivenöl virgen extra der Sorte Picudo und Kartoffeln mit Drachenkopf in Salmorejo

Zutaten

Großer Drachenkopf
600 g Großer Drachenkopf

Kartoffelwasser
200 g galizische Kartoffeln
200 ml Wasser

Kartoffelpüree aus Olivenöl
100 ml Kochwasser von Kartoffeln (zuvor zubereitet)
100 ml Olivenöl
1 g Xanthan (E-415)
1 g Johannisbrotkernmehl (E-410)
½ Blatt Gelatine
1 g Salz

Salmorejo
500 g Gräten des Drachenkopfes
10 g frischer Knoblauch
50 g normale Petersilie
50 g Thymian
50 g frischer Oregano
20 g Paprika
200 ml Weißwein
1 l Olivenöl
1 geschälte Knoblauchzehe

Außerdem
5 g feines Salz
5 g Schnittlauch
5 g Petersilie

Zubereitung

Großer Drachenkopf

1. Den Drachenkopf abschuppen und die Innereien und Gräten herausnehmen.
2. Hinter dem Kopf einen schrägen Schnitt bis zum Rückgrat ansetzen. Den Vorgang an der gegenüberliegenden Seite wiederholen, bis der Kopf abgetrennt ist.
3. Man erhält zwei Filets, wenn man den Rücken mit einem feinen und scharfen Messer vom Kopf bis zum Schwanz einschneidet.
4. Die Mittelgräte sowie den Kopf für die Herstellung des Salmorejo aufbewahren.
5. Die Drachenkopffilets in Portionen von 100 g zerteilen.
6. Bis zum Gebrauch gut zugedeckt im Kühlschrank aufbewahren.

Kartoffelwasser

1. Die Kartoffeln schälen, waschen und in Stücke schneiden.
2. 40 Minuten lang in Wasser kochen.
3. Durch ein Sieb mit Metallmaschen passieren und die Kartoffelbrühe für die Zubereitung des Kartoffelpürees aufbewahren.

Kartoffelpüree aus Olivenöl

1. Das Olivenöl mit Xanthan und Johannisbrotkernmehl mischen.
2. Die Mischung auf den Herd stellen und langsam das Kartoffelwasser mit dem Salz dazugießen, bis eine homogene Masse entstanden ist.
3. Dann neben der Kochstelle das zuvor in kaltem Wasser eingeweichte Gelatineblatt zufügen.
4. Den Topf mit Zellophanfolie bedecken und bis zum Gebrauch in einem Wasserbad aufbewahren.

Salmorejo

1. Gehackten Knoblauch anbraten und die Gräten sowie den Fischkopf dazugeben.
2. Die in rohem Zustand gehackten Kräuter und die Paprika zufügen und darauf achten, dass diese nicht anbrennen.
3. Mit Weißwein begießen und reduzieren.
4. Alles 1 Stunde lang bei sehr niedriger Hitze in Olivenöl schmoren.
5. Durch ein Sieb mit Metallmaschen passieren.
6. Den geschälten Knoblauch mit der zuvor zubereiteten Salmorejobasis bedecken und 45 Minuten bei sehr niedriger Hitze schmoren. Danach abschöpfen und mit einem Teil des Olivenöls in einem Mixer pürieren.
7. Das Knoblauchpüree mit dem Rest des Olivenöls kurz vor dem Servieren emulgieren und mit Salz abschmecken.

Außerdem

Schnittlauch und fein gehackte Petersilie in einem zugedeckten Gefäß im Kühlschrank aufbewahren.

Fertigstellung und Präsentation

Die Drachenkopffilets salzen und von der Oberseite in einer beschichteten Pfanne anbraten, bis diese eine leicht goldbraune Farbe annehmen.

Zum Schluss in den Salamander oder Ofen geben, bis der Fisch den gewünschten Garpunkt erreicht hat.

Das Kartoffelpüree aus Olivenöl mit dem Schneebesen homogenisieren und davon einen Löffel voll zusammen mit dem Drachenkopf auf einem Teller platzieren.

Schnittlauch und Petersilie zum Salmorejo dazugeben und dann das Gericht mit dieser Mischung würzen.

Coulant aus Olivenöl virgen extra der Sorte Ocal mit Gambas

Zutaten

Gambas
4 frische Gambas

Basis aus Methylzellulose
1 l Wasser
30 g Methylzellulose

Ölemulsion
160 ml Olivenöl virgen
40 ml Basis aus Methylzellulose
5 g Salz

Olivenwasser
500 g grüne Oliven
der Sorte Verdeal

Olivengelatine
100 ml Olivenwasser
½ Blatt Gelatine

Quinoa mit Methylzellulose
50 g Quinoa
100 ml Wasser
5 g Salz
30 ml Basis aus Methylzellulose

Außerdem
8 Safranfäden
8 Kerbelblätter
8 Fenchelspitzen

Zubereitung

Gambas

1. Die Köpfe der Gambas entfernen und schälen.
2. Die Köpfe mit dem Corail bei kräftiger Hitze anbraten bis diese innen lauwarm sind. So kräftig wie möglich ausdrücken, um allen Saft daraus zu erhalten.
3. Die Schwänze der Gambas schälen.
4. Den Darm mit Hilfe eines Küchenmessers herausholen und dann im Kühlschrank aufbewahren.

Basis aus Methylzellulose

1. Wasser und Methylzellulose in einem Mixer pürieren, bis eine homogene Masse ohne Klümpchen entstanden ist.
2. In den Kühlschrank stellen und die nächsten 24 Stunden nicht verwenden. Die Methylzellulose muss richtig einweichen.

Ölemulsion

1. Das Öl mit der Basis aus Wasser und Methylzellulose mit Salz emulgieren, als würde es sich um eine Mayonnaise handeln.
2. Die Emulsion in einen Dressing-Shaker füllen und bis zum Gebrauch nicht im Kühlschrank aufbewahren.

Olivenwasser

1. Die Oliven entsteinen und in einem Mixer pürieren.
2. Durch ein Sieb mit Metallmaschen, das mit einem Mulltuch ausgelegt ist, passieren, damit nur das Wasser der Oliven übrig bleibt.

Olivengelatine

1. Die Gelatine in kaltem Wasser einweichen.
2. Die Gelatine in $^{1}/_{3}$ des Olivensaftes auflösen, mit dem Rest vermischen und im Kühlschrank in einem Gefäß von 0,5 cm Höhe fest werden lassen.
3. In Rechtecke von 3 cm Länge und 0,5 cm Breite schneiden.

Quinoa mit Methylzellulose

1. Das Quinoa (ausgehend von kaltem Wasser ohne Salz) zugedeckt bei niedriger Hitze kochen, bis alle Feuchtigkeit, die der Topf enthält, entzogen ist.
2. Auf einem Tablett ausbreiten und bei Zimmertemperatur abkühlen lassen.
3. Mit Salz und der Basis aus Wasser mit Methylzellulose mischen.

Gambas im Quinoamantel

1. Die Gambas gleichmäßig in der Quinoa-Mischung wälzen.
2. Bis zum Gebrauch im Kühlschrank aufbewahren.

Coulant aus Olivenöl

1. Den Boden einer Form von 5 cm Länge und 1 cm Breite mit der Mischung aus Öl und Methylzellulose füllen.
2. Auf die Basis aus Methyl einen Gelatinewürfel aus Olivenwasser legen und mit der Mischung aus Öl und Methylzellulose bedecken. Mit Zellophanfolie abdecken.

Fertigstellung und Präsentation

Die panierten Gambas in einer beschichteten Pfanne anbraten, bis diese gleichmäßig erhitzt sind und den gewünschten Garpunkt erreicht haben.

Das *Coulant* aus Olivenöl 3 Minuten lang dünsten. So geliert die Mischung aus Methylzellulose und Öl. Das Innere bleibt aufgrund der Temperatur über 40 °C total flüssig.

Die in drei Stücke geschnittenen Gambas auf einem Teller anrichten, sodass die Schnittstelle nach oben zeigt.

Das *Coulant* aus der Form lösen und neben den Gambas platzieren.

Das Gericht mit dem Saft aus den Gambasköpfen würzen.

Zum Schluss einige Safranfäden, Fenchel und Kerbel auf den Gambas positionieren.

2 Bocadillos

Zuallerst müssen wir Lord Sandwich danken.
Er hat das Bocadillo oder belegte Brot im Laufe eines Spiels erfunden, und da es ihm unmöglich war, sich zu erheben und dieses zu verlassen, befahl er seinem Diener, er solle ihm Roastbeef und Brot bringen … Und bei diesem Spiel wurde das Konzept des Bocadillos geboren.

Das Bocadillo ist ein Teil unserer Kultur und entwickelt sich in Geschmack, Textur und Konzept ständig weiter. Um ein gutes Bocadillo herzustellen, braucht man zuerst ein gutes Brot, ob hell oder dunkel, Ciabatta oder Dinkelbrot … das ist egal … allerdings muss es frisch gebacken sein. Dann kann der Belag bzw. die Füllung ganz nach unserem Geschmack ausfallen: Schinken, gegrillte Calamares, Lomo mit Paprika, Rührei …

Ich zeige Ihnen fünf Rezepte, in denen das Brot und die Füllung auf unterschiedliche Art und Weise präsentiert werden, das Brot aber die essenzielle Zutat ist. Lustig, überraschend und schmackhaft.

Guten Appetit!

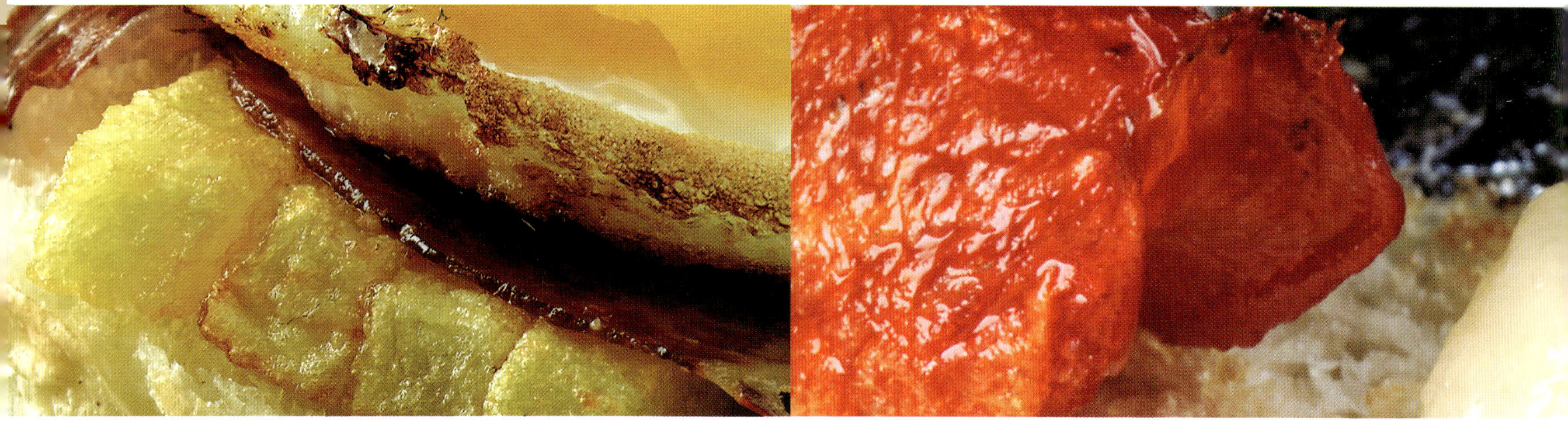

In diesem Kapitel

Empfohlenes Gericht	Technik / Konzept	Temperatur	Schwierigkeit	Empfohlenes Getränk
Miniburger mit iberischem Schinken, Wachteleiern, und Pommes Frites	Miniversion des traditionellen Hamburgers	Warm	★☆☆☆☆	Junger Rotwein D. O. Bierzo
Bocadillo auf dem Teller mit Sardinen und konfierten Tomaten	Bocadillo auf dem Teller	Lauwarm	★☆☆☆☆	Amontillado D. O. Jerez
Hot Dog	Dekonstruktion	Warm	★☆☆☆☆	Bier
Bocadillo mit Calamares, Brie-Käse und schwarzen Oliven	Tradition modern gestaltet	Warm	★☆☆☆☆	Pils oder Lager
Burrito aus Parmesan und zerpflücktem Hühnchen	Knuspriges in Form gebracht	Zimmerwarm	★☆☆☆☆	Crianza/Rotwein

Miniburger mit iberischem Schinken,
Wachteleiern und Pommes Frites

Zutaten

Wachteleier

4 Wachteleier

2 g Salz

Kartoffelsticks

200 g galizische Kartoffeln

Außerdem

200 ml Olivenöl 0,4

4 Mini-Hamburger-Brötchen

100 g iberischer Schinken

Zubereitung

Wachteleier

1. So frische Wachteleier wie möglich auswählen.

Kartoffelsticks

1. Die Kartoffeln schälen und vierteln, um rechteckige Sticks von 3 cm Länge und 5 mm Breite zu erhalten.
2. Die Kartoffelsticks in kaltem Wasser waschen und gut trocknen.

Fertigstellung und Präsentation

Die Mini-Brötchen öffnen und bei niedriger Hitze in einer Pfanne goldbraun rösten.

Die Kartoffeln bei einer Temperatur von 180 °C in Olivenöl frittieren, bis diese goldbraun und knusprig sind, dann salzen.

Das Ei in reichlich Olivenöl frittieren und salzen.

Das Brötchen mit den Kartoffeln und dem frittierten Ei füllen.

Zum Schluss eine Scheibe Schinken darauf legen und mit dem Brötchendeckel zudecken.

Bocadillo auf dem Teller mit Sardinen und konfierten Tomaten

Zutaten

Sardinen
400 g Sardinen

Konfierte Tomaten
500 g reife Tomaten
100 ml Olivenöl 0,4
frische Basilikumblätter
10 g Salz
5 g Zucker

Brot
1 Ciabatta-Brot

Püree aus Lauchzwiebeln
4 Bund Lauchzwiebeln
100 ml Olivenöl 0,4

Außerdem
5 g gehackter Schnittlauch

Zubereitung

Sardinen

1. Die Sardinenfilets vorsichtig abschuppen, ohne die Haut aufzuschlitzen.
2. Zum Filieren ein feines Küchenmesser benutzen und die Gräten entfernen.
3. Die Filets mit der Fleischseite auf Backpapier legen, immer 3 Stück nebeneinander mit einem Abstand von 5 mm.

Konfierte Tomaten

1. Das Tomatenfleisch mit zwei Schnitten kreuzförmig einschneiden.
2. Den Tomatenstiel mit einem Messer herausschälen.
3. Die Tomaten in kochendes Wasser tauchen, bis die Haut beginnt sich abzulösen.
4. Mit Hilfe einer Schöpfkelle herausholen und in reichlich Eiswasser abschrecken.
5. Schälen und in Stücke schneiden.
6. Die Tomatenstücke gut verteilt auf ein Backblech geben, zusammen mit den Basilikumblättern und dem Olivenöl.
7. Mit Salz abschmecken und mit Zucker bestreuen.
8. Bei 150 °C 20 Minuten lang im Ofen konfieren.
9. Das Öl abgießen und weitere 5 Minuten bei 190 °C konfieren.
10. In einer verschlossenen Plastikdose mit einigen Tropfen Olivenöl und frischen Basilikumblättern aufbewahren.

Brot

1. Das Ciabatta-Brot in Portionen von 4 cm zerteilen und einfrieren.
2. Vertikal 12 Streifen von 2 cm Breite und 2 mm Dicke daraus schneiden.
3. In einer Plastikdose, zwischen Backpapier, an einem trockenen Ort aufbewahren.

Püree aus Lauchzwiebeln

1. Die Lauchzwiebeln schälen und in feine Stücke schneiden.
2. In einem Teil des Olivenöls anbraten und dabei kontinuierlich umrühren, bis diese eine leicht goldbraune Farbe angenommen haben.
3. Das überschüssige Öl abgießen und einige Tropfen Wasser zufügen, um die Lauchzwiebeln einzuweichen. Kochen lassen, bis das Wasser verdunstet ist.
4. Durch ein feines Sieb passieren und mit dem Rest des Olivenöls in einem Mixer emulgieren, bis ein recht feines Püree daraus entstanden ist.
5. Mit Salz abschmecken.

Fertigstellung und Präsentation

Die Brotstreifen im Salamander goldbraun rösten.

Die Sardinenfilets mit Salz abschmecken und mit der Hautseite in der Pfanne scharf anbraten, bis diese eine schöne goldbraune Farbe angenommen haben.

Die Sardinenfilets und die konfierten Tomaten auf dem Brot platzieren.

Zum Schluss das Lauchzwiebelpüree auf die Sardinen geben und mit gehacktem Schnittlauch bestreuen.

Hot Dog

Zutaten

Würstchen
4 Würstchen von 2 cm Durchmesser

Knusperbrot
1 Ciabatta-Brot
100 ml Olivenöl 0,4
100 g feines Salz

Hot Dog-Füllung
$^1/_2$ Bund Lauchzwiebeln
70 g Mayonnaise
30 g Dijon-Senf
5 g Schnittlauch

Außerdem
10 g Tomatenpulver

Zubereitung

Würstchen

1 Die Würstchen in der Schneidemaschine längs zerschneiden, so dass man 8 Streifen von 2 mm Dicke erhält.

Knusperbrot

1 Das Ciabatta-Brot in Portionen von 8 cm schneiden und einfrieren.
2 Vertikal 4 Streifen von 2 cm Breite und 2 mm Dicke daraus schneiden.
3 Die Brotstreifen auf einer glatten Oberfläche auslegen und leicht mit Öl und Salz bestreichen.
4 Jeden Streifen in sich zusammenfalten, sodass man kleine Zylinder formt.
5 Bei 160 °C im Ofen rösten, bis diese eine schöne goldbraune Farbe und eine knusprige Textura angenommen haben.
6 Das überschüssige Öl abgießen.

Hot Dog-Füllung

1 Die Zwiebeln in Würfel von 2 mm schneiden.
2 Langsam anbraten, bis diese durchsichtig werden und abkühlen lassen.
3 Die restlichen Zutaten vermischen und mit einem breiten Löffel unterrühren.

Hot Dogs

1 Auf einer mit Zellophanfolie ausgelegten glatten Fläche ein Kreuz aus zwei Wursthälften bilden.
2 Die Füllung in die Mitte legen und darin einwickeln, sodass ein „Wurstravioli" daraus geformt wird.
3 Bis zum Gebrauch im Kühlschrank aufbewahren.

Fertigstellung und Präsentation

Die Hot Dogs im Salamander oder im Ofen erwärmen.

Zum Schluss das Knusperbrot dazu servieren und das Tomatenpulver darüber stäuben.

Bocadillo mit Calamares, Brie-Käse und schwarzen Oliven

Zutaten

Kleine Tintenfische

200 g kleine Tintenfische

50 g Mehl

Brot

1 Ciabatta-Brot

Olivenöl aus schwarzen Oliven

10 ml Olivenöl 0,4

10 g Püree aus schwarzen Oliven

Außerdem

100 g Brie-Käse

10 g Salz

Zubereitung

Kleine Tintenfische

1. Die Tintenfische säubern, indem die Innereien herausgenommen werden. Aufpassen, dass diese dadurch weder kaputt gehen noch deformiert werden.
2. Die Tintenfischtuben in 0,5 cm große Scheiben schneiden.
3. Bis zum weiteren Gebrauch im Kühlschrank aufbewahren.

Brot

1. Das Ciabatta-Brot in 12 cm große Portionen schneiden und einfrieren.
2. In der Brotschneidemaschine vertikal 12 Streifen von 4 cm Breite und 2 mm Dicke zurechtschneiden.
3. Die Brotstreifen bei 180 °C im Ofen goldbraun backen.
4. An einem trockenen Ort, zwischen Alufolie, in einer Plastikdose aufbewahren.

Olivenöl aus schwarzen Oliven

1. Das Öl und das Püree aus schwarzen Oliven in einer Metallschüssel mit einem Metallschneebesen verrühren.
2. Die Mischung in einen Dressing-Shaker füllen.

Außerdem

1. Die Rinde des Käses säubern und den Käse in 0,5 cm dicke Scheiben schneiden.
2. Bis zum Gebrauch in Alufolie eingewickelt in einer Plastikdose aufbewahren.

Fertigstellung und Präsentation

Die Tintenfischringe in Mehl wälzen und in reichlich Olivenöl frittieren. Herausnehmen und auf Küchenpapier abtropfen lassen.

Die Tintenfischringe auf die Brotstreifen legen und darauf den Brie-Käse verteilen.

Bei 180 °C im Ofen backen, bis der Käse geschmolzen ist.

Zum Schluss einige Tropfen Öl aus schwarzen Oliven darüber träufeln.

Burrito aus Parmesan und zerpflücktem Hühnchen

Zutaten

Parmesantarte
200 g Parmesankäse

Zerpflücktes Hühnchen
150 g Hühnchenbrust
50 g Möhren
50 g Porree
1 Bund Sellerie
1 Thymianzweig
10 ml Olivenöl 0,4
Salz und Pfeffer

Gemüse
100 g Möhren
100 g Zucchini
100 g Zwiebeln

Außerdem
100 ml Fleischfond
20 g Ajitomate
Griechischen Joghurt

Zubereitung

Parmesantarte

1. Den Parmesankäse so in eine warme Pfanne drücken, dass sich ein dünner Käsefilm bildet, den wir dann mit Hilfe eines Pfannenwenders herausnehmen.
2. Die noch warme Käseschicht wie einen mexikanischen Taco modellieren und an einem trockenen Ort aufbewahren.

Zerpflücktes Hühnchen

1. Die Hühnchenbrust mit dem gehackten Gemüse und den Gewürzen in einen Vakuumbeutel geben und bei einer kontrollierten Temperatur von 65 °C 22 Minuten lang kochen.
2. In Eiswasser abkühlen, den Inhalt des Beutels leeren und das Hühnchen zerpflücken.
3. Bis zum Gebrauch in einem zugedeckten Gefäß im Kühlschrank aufbewahren.

Gemüsestückchen

1. Zwiebeln und Möhren schälen und die zwei Enden der Zucchini entfernen.
2. In sehr feine Stücke schneiden.
3. Die Zwiebeln in einem zugedeckten Topf anbraten, bis diese durchsichtig werden.
4. Die übrigen Gemüse dazugeben und kochen, bis diese gar sind.

Fertigstellung und Präsentation

Das zerpflückte Hühnchen im warmen Fleischfond baden.

Den Burrito servieren und dabei den Parmesantaco, das Gemüse und das Hühnchen einzeln präsentieren.

Begleitend dazu Ajitomate und Joghurt servieren, um nach Belieben zu würzen.

3 Früchte und Gemüse

Respekt vor der Jahreszeit, das ist eine unbestreitbare Philosophie in der Küche. Eine Produktküche kann Technik beeinhalten oder nicht, aber ohne Lebensmittel … gibt es keine Zubereitung.

Es gibt nur wenig über die Produkte zu sagen, die uns glücklich stimmen: ein schönes Stück Melone in der Hitze des Augusts, Erbsen im Frühling, Tomaten im Sommer. Das sind Geschenke der Natur, an denen wir uns erfreuen, auch wenn manch einer hartnäckig darauf besteht, dass das ganze Jahr Saison für frische Früchte sein soll …

Ein sehr schönes Kapitel mit schmackhaften Rezepten und großartigen Fotos.

 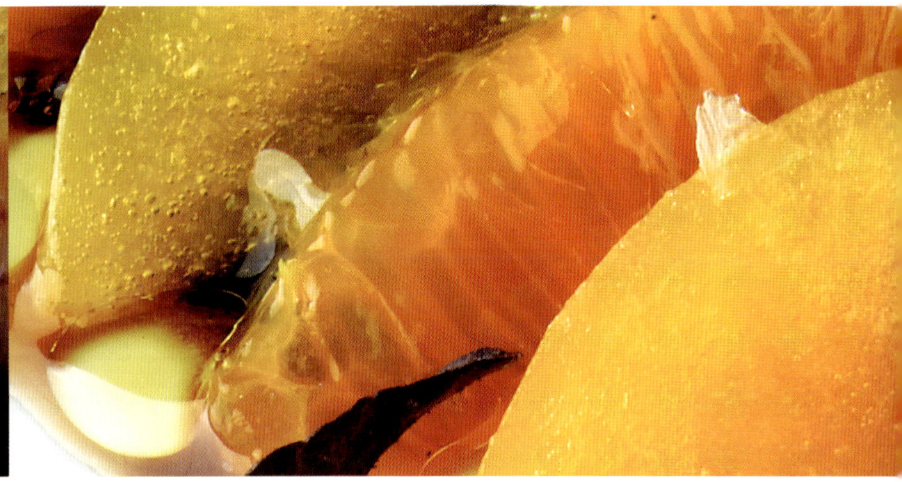

In diesem Kapitel

Empfohlenes Gericht	Technik / Konzept	Temperatur	Schwierigkeit	Empfohlenes Getränk
Maki in Tempura mit warmer Soja-Mayonnaise	Tempura	Warm	★★☆☆☆	Riesling QMP Mosel
Niguiri aus grünem Spargel	Gelatine / monothematisch	Kalt	★★★☆☆	Fino D. O. Jerez
Kekse aus Kochbananen mit Piquillos und Bacon	Knuspriges / Keksversionen	Zimmerwarm	★☆☆☆☆	Riesling AOC Elsass
Tomatensuppe mit sphärischem Olivenöl	Sphärifikation	Kalt	★★☆☆☆	Brut reservado D. O. Cava
Präparierte Orangen	Dekonstruktion	Kalt	★★☆☆☆	Moscatel AOC Frontignan
Leichte Erbsencreme mit Ravioli aus iberischem Speck an Minze	Ravioli	Lauwarm	★☆☆☆☆	Amontillado D. O. Jerez
Cremige Avocado mit Lachs und knusprigem Sauerteigbrot	Knuspriges / traditionelles *Mousse*	Kalt	★☆☆☆☆	Brut Joven D. O. Cava
Steinpilztarte mit Zwiebeln und Bacon an Portwein	*Carpaccio* / Geschmortes	Lauwarm	★★☆☆☆	DOGT Chianti Classico
Grüner Spargel und Gambas mit Steinpilz-*Carpaccio* und Idiazábal-Käse	Geschmortes / Kräuteröl	Kalt	★★☆☆☆	Oloroso D. O. Jerez
Weiße Spargelspitzen in eigener Suppe und Sommertrüffel	Kalte Suppen	Kalt	★☆☆☆☆	Fino D. O. Jerez

Maki in Tempura
mit warmer Soja-Mayonnaise

Zutaten

Gekochter Reis

100 g grobkörniger Reis (spezielle Sorte für die japanische Küche)

40 ml Reisessig

20 g Zucker

10 g Salz

125 ml Wasser

Maki

gekochter grobkörniger Reis (zuvor zubereitet)

2 trockene Norialgen

150 g Avocado

100 g Spinat

8 Anchovis in Öl

Reistempura

100 g Reismehl

70 ml Wasser

Warme Soja-Mayonnaise

20 g pasteurisiertes Eigelb

50 ml pasteurisiertes ganzes Ei

100 ml Sonnenblumenöl

25 ml Olivenöl

200 ml Sojasauce

Salat

4 Lauchzwiebeln

8 Kerbelspitzen

20 g Schnittlauch

Zubereitung

Gekochter Reis

1. Den Reis schon am Vortag waschen, damit sich die Stärke daraus löst.
2. Den Topf mit ebenso viel Wasser wie Reis füllen, den Deckel drauflegen und 40 Minuten bei schwacher Hitze kochen lassen.
3. Sofort danach in einen anderen Topf umfüllen und mit einem Holzlöffel umrühren.
4. Das Dressing vorbereiten, indem Salz und Zucker mit dem Reisessig auf der Kochstelle verschmelzen. Ideal verbunden ist die Mischung, wenn der Essig klar wird.
5. Den Reis mit dem Dressing mischen.

Maki

1. Die Avocado schälen und Stäbchen daraus schneiden.
2. Die Anchovis aus dem Öl nehmen und den Spinat waschen.
3. Das Norialgenblatt mit der rauen Fläche auf ein Maki-Su (Matte) legen.
4. Darauf den Reis verteilen, eine Messerspitze Wasabi darüberstreuen und Avocadostäbchen, Spinat und Anchovis dazugeben.
5. Danach mit Hilfe eines Maki-Su zusammenrollen und ihm eine runde oder quadratische Form geben.

Reistempura

1. Beide Zutaten mit den Fingerspitzen vermengen, bis eine glatte Masse ohne Klümpchen entstanden ist.
2. In den Kühlschrank stellen.

Warme Soja-Mayonnaise

1. Das Eigelb und das ganze Ei mit der Sojasauce vermischen, Sonnenblumenöl und Olivenöl dazugeben und mit Salz abschmecken.
2. In einen Espumaschäumer (Siphon) füllen und mit einer N2O Patrone laden. In einem Wasserbad bei einer Temperatur nicht über 60 °C stehen lassen.

Fertigstellung und Präsentation

Das Maki komplett in Tempura baden und in Olivenöl bei 180 °C tauchen.

Das einmal so frittierte Maki zurechtschneiden und zusammen mit dem Salat servieren.

Die Soja-Mayonnaise in einem extra Schüsselchen servieren.

Niguiri aus grünem Spargel

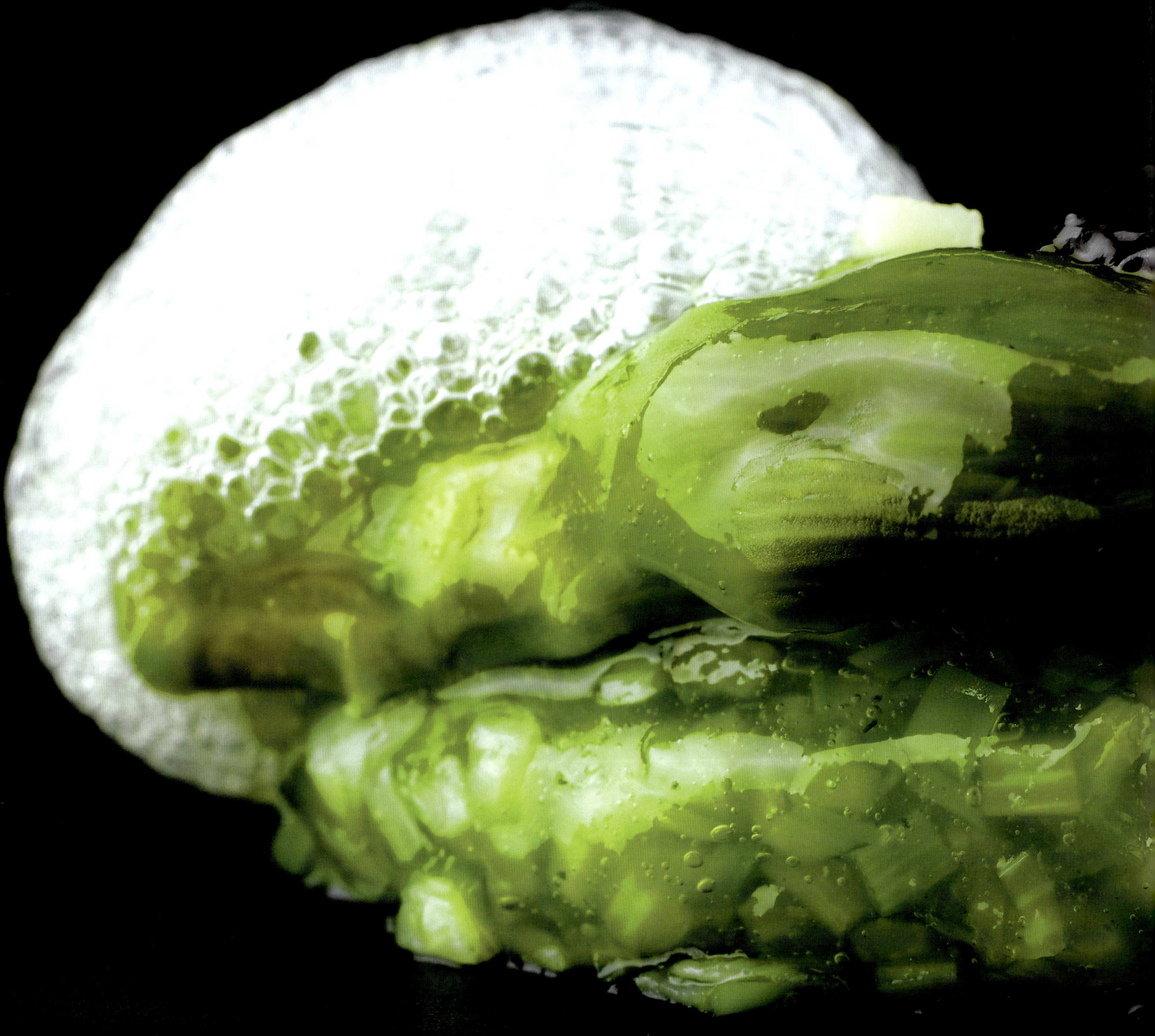

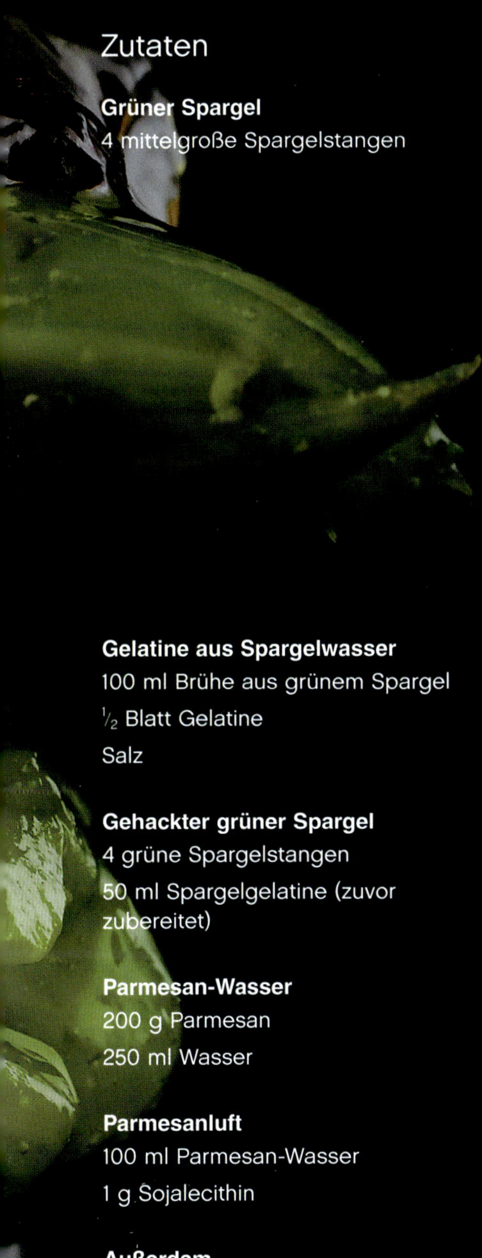

Zutaten

Grüner Spargel
4 mittelgroße Spargelstangen

Gelatine aus Spargelwasser
100 ml Brühe aus grünem Spargel
½ Blatt Gelatine
Salz

Gehackter grüner Spargel
4 grüne Spargelstangen
50 ml Spargelgelatine (zuvor zubereitet)

Parmesan-Wasser
200 g Parmesan
250 ml Wasser

Parmesanluft
100 ml Parmesan-Wasser
1 g Sojalecithin

Außerdem
1 g Ingwer
2 g Zitronenmarmelade

Zubereitung

Grüne Spargelspitzen

1. Den faserigsten Teil des Spargels mit den Fingern abtrennen und wegwerfen.
2. Den Spargel schälen und darauf achten, dass die Spitzen nicht abbrechen.
3. Den Spargel in kochendem Wasser mit Salz kochen und in Eiswasser abkühlen. Die Brühe für die Gelatine aufbewahren.
4. Die Spargelspitzen abnehmen. Der Rest der Stangen wird für das Gehackte verwendet.
5. Die Spargelspitzen längs einschneiden, aber nicht in zwei Stücke teilen.
6. Im Kühlschrank aufbewahren.

Gelatine aus Spargelwasser

1. Die zuvor in kaltem Wasser eingeweichte Gelatine in einem Topf mit dem Spargelwasser auflösen.
2. Mit Salz abschmecken und im Kühlschrank abkühlen lassen.

Gehackter grüner Spargel

1. Die grünen Spargelstangen so fein wie möglich hacken und mit der Gelatine aus Spargelwasser vermischen.
2. Mit Hilfe von zwei kleinen Löffeln 4 *Quenelles* formen.

Parmesan-Wasser

1. Den Parmesankäse 30 Minuten lang in kochendem Wasser ziehen lassen und durch ein Sieb mit Metallmaschen passieren.
2. Die so erhaltene Flüssigkeit in ein hohes Plastikgefäß umfüllen, bis diese drei gut getrennte Schichten aus Wasser, Fett und Parmesansahne bildet.
3. Die letzten beiden abnehmen und das Wasser aufbewahren.

Parmesanluft

1. Das Parmesanwasser und das Sojalecithin mischen.
2. In einem Mixer verrühren, sodass die maximale Menge an Luft produziert wird.
3. Vor dem weiteren Gebrauch einige Sekunden ruhen lassen.

Spargel-Niguiri

1. Die Spargelspitzen wie ein geöffnetes Buch auf die *Quenelles* setzen.
2. Das Ganze in der Gelatine baden.
3. In den Kühlschrank stellen, damit sich ein feiner und glänzender Film darum bildet.

Fertigstellung und Präsentation

Das Niguiri auf einem Chinalöffel platzieren und die Spargelspitzen mit einem Ingwerwürfelchen und einer Messerspitze Zitronenmarmelade würzen.

Zum Schluss die Parmesanluft neben dem Niguiri anrichten.

Kekse aus Kochbananen
mit Piquillos und Bacon

Kekse aus Kochbananen mit Piquillos und Bacon

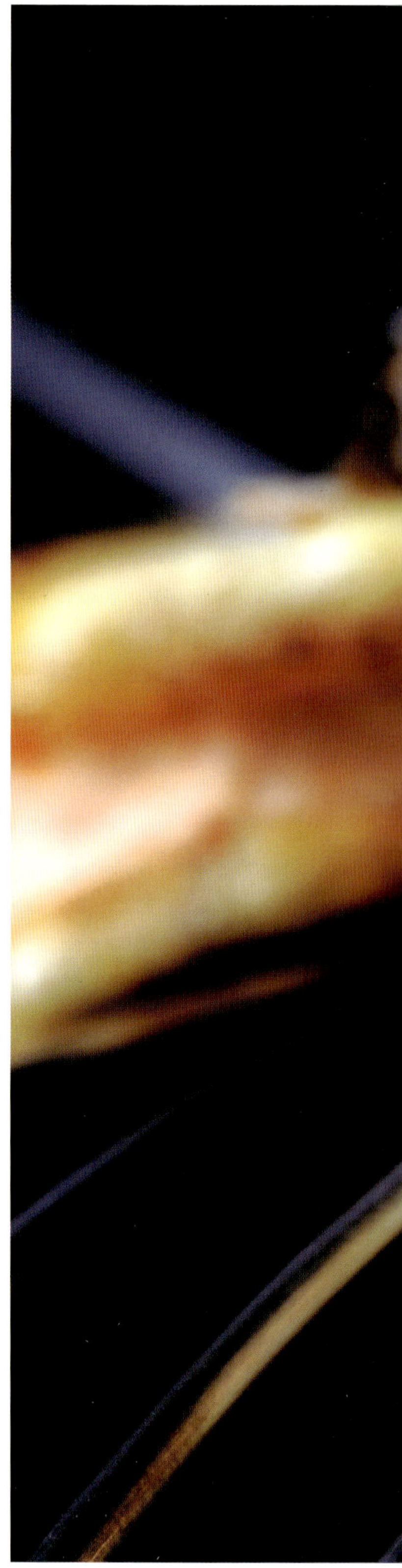

Zutaten

Kekse aus Kochbananen

200 g Mehl-/Kochbananen

200 ml Olivenöl 0,4

Salz

Piquillocreme

50 g Frischkäse

2 Pimientos del Piquillo

Baconpulver

100 g Bacon

Zubereitung

Kekse aus Kochbananen

1. Die Kochbananen schälen, in Stücke von 5 mm Dicke schneiden und in Olivenöl frittieren.
2. Die frittierten Bananenscheiben auf 2 Blatt Backpapier platt drücken und mithilfe eines Nudelholzes ausrollen. Mit einem Förmchen 4 cm große Kreise daraus ausstechen.
3. Nochmals in das Olivenöl legen und frittieren, bis diese kross sind.
4. Mit Salz abschmecken.
5. Zugedeckt an einem trockenen Ort aufbewahren.

Piquillocreme

1. Die Pimientos mit dem Frischkäse in einen Mixer geben und pürieren bis eine homogene Masse enstanden ist. Durch ein Sieb mit Metallmaschen passieren.
2. Im Kühlschrank aufbewahren.

Baconpulver

1. Den Bacon in feine Streifen schneiden, frittieren bis diese kross sind und zwischen Küchenpapier trocknen.
2. Den Bacon in einem Mixer pürieren bis daraus Baconpulver geworden ist.

Fertigstellung und Präsentation

Die Creme zwischen die Kekse aus Kochbananen streichen.

Zum Schluss das Baconpulver darüber streuen.

Tomatensuppe mit sphärischem Olivenöl

Zutaten

Tomatenwasser
1 kg Tomaten
Salz

Tomatensuppe
Tomatenfleisch (übrig geblieben vom Tomatenwasser)
100 g Zwiebeln
100 g Gurke
200 ml Olivenöl virgen
40 g Sherryessig
Salz

Kalziumchlorid-Mischung
500 ml Wasser
5 g Kalziumchlorid

Basis aus Tomatenwasser
100 ml Tomatenwasser (zuvor zubereitet)
½ g Alginat
30 g Olivenöl virgen extra

Außerdem
4 Haselnüsse
1 Bund Sellerie
12 Basilikumblätter
Frisch gemahlener schwarzer Pfeffer

Zubereitung

Tomatenwasser
1. Die Tomaten in Stücke schneiden und mit den Händen zerdrücken.
2. Ein feines Sieb mit einem feuchten Mulltuch auslegen.
3. Die Tomaten 3 Stunden in dem Sieb stehen lassen.
4. Das Wasser aufbewahren und mit Salz abschmecken.
5. Die übrig gebliebenen Tomaten für die Suppe verwenden.

Tomatensuppe
1. Sämtliche Gemüse in Stücke schneiden und 2 Stunden lang in Olivenöl, Essig und Salz einweichen.
2. Alle Zutaten in einem Mixer pürieren bis eine Suppe ohne Klümpchen entstanden ist. Durch ein Sieb passieren und im Kühlschrank aufbewahren.

Kalziumchloridbad
1. Das Chlorid mit dem Wasser mischen, bis dieses sich völlig aufgelöst hat.

Basis aus Tomatenwasser
1. Das Tomatenwasser mit dem Alginat mit einem Standmixer verrühren, bis eine homogene Masse ohne Klümpchen entstanden ist.
2. Mindestens 6 Stunden bis zur Weiterverarbeitung im Kühlschrank aufbewahren.

Fertigstellung und Präsentation

Einen semisphärischen Löffel mit 18 g der Basis aus Tomatenwasser füllen und in die Chloridmischung eintauchen. 3 Minuten darin lassen.
Die chemische Reaktion aus Chlorid und Alginat lässt eine Sphäre entstehen.

Die so erhaltene Tomatensphäre in kaltes Wasser abseihen und waschen, danach das überschüssige Wasser abtropfen lassen.
In die Sphäre 3 ml Olivenöl virgen extra mit Hilfe einer Spritze, die mit einer Nadel versehen ist, einfüllen.
Die Tomatensuppe auf den Suppentellern verteilen und die Sphäre in die Mitte legen.
Mit gehackten Haselnüssen, Basilikum, Selleriewürfeln und frisch gemahlenem schwarzen Pfeffer rundherum anrichten.

Präparierte Orangen

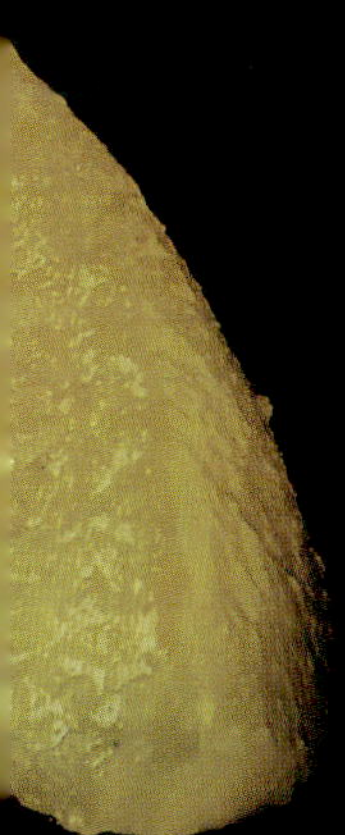

Präparierte Orangen

Zutaten

Natürliche Orangensegmente

1 Orange

Orangensphäre

500 ml frisch gepresster Orangensaft

5 Gelatineblätter

100 g Zucker

50 g Glukose

Gelatine aus Orangenblütenwasser

50 g Zucker

50 ml Wasser

20 g Orangenblütenwasser

1 Blatt Gelatine

Reduzierter PX

200 ml Pedro Ximénez

80 g Glukose

50 g Zucker

Aromatische Gewürze

10 g Zimt

10 g Demerara-Zucker

12 rote *Sishoblätter*

4 Orangenblüten

50 ml Olivenöl virgen extra

Maldon Salz

Zubereitung

Natürliche Orangensegmente

1. Die Orange mit einem feinen Messer schälen und die von allen Fasern gereinigten Segmente herausnehmen.
2. In einem zugedeckten Gefäß im eigenen Saft der Orange im Kühlschrank aufbewahren.

Orangensphäre

1. In einem Topf den Zucker mit Glukose und $\frac{1}{4}$ des natürlichen Orangensaftes bei niedriger Hitze auflösen. Das zuvor in kaltem Wasser eingeweichte Gelatineblatt dazugeben.
2. Den restlichen Orangensaft dazugießen.
3. Semisphärische Förmchen von 8 cm Durchmesser hineindrücken und im Kühlschrank gelieren lassen.
4. Aus zwei Semisphären eine einzige machen und einfrieren.

Gelatine aus Orangenblütenwasser

1. In einem Topf bei niedriger Hitze Wasser und Zucker auflösen.
2. Das zuvor in kaltem Wasser eingeweichte Gelatineblatt zufügen.
3. Das Orangenblütenwasser dazu schütten.
4. In eine Form umfüllen und die Mischung mindestens 2 Stunden lang im Kühlschrank gelieren lassen.

Reduzierter PX

1. Alle Zutaten in einen Topf geben und die Mischung bei niedriger Hitze reduzieren, bis diese die Konsistenz von flüssigem Karamell erreicht hat.
2. Bei Zimmertemperatur in einem Dressing-Shaker aufbewahren.

Fertigstellung und Präsentation

Die gefrorene Orangensphäre herausnehmen und in ebenso große Segmente wie die der natürlichen Orange schneiden.

In die Mitte des Tellers abwechselnd ein Segment der Orangensphäre und ein Segment der natürlichen Orange legen.

Die aromatischen Gewürze, die Gelatine und den reduzierten PX kreisförmig darum herum auf dem Teller anrichten.

Mit einem Esslöffel Olivenöl virgen extra und Maldon Salz würzen.

Leichte Erbsencreme
mit Ravioli aus iberischem Speck an Minze

Zutaten

Erbsencreme
240 g tiefgefrorene Erbsen
300 ml Hühnerbrühe
100 g Butter
2 g Salz

Streifen aus iberischem Speck
300 g frischer iberischer Speck

Ravioli aus Erbsen und Minze
100 g Erbsen
12 frische Minzblätter
12 Streifen aus iberischem Speck (zuvor zubereitet)

Knuspriger iberischer Schinken
100 g iberischer Schinken

Minzöl
100 g Minze
50 ml Olivenöl

Zubereitung

Erbsencreme
1. Die gefrorenen Erbsen mit der kochenden Hühnerbrühe vermischen und im Mixer pürieren, bis eine homogene Suppe entstanden ist.
2. Zu der noch warmen Masse die Butter hinzufügen.
3. Durch ein Sieb mit Metallmaschen passieren. Mit Salz abschmecken.

Streifen aus iberischem Speck
1. Das überschüssige Salz von dem Speck entfernen und den Rand abschneiden.
2. In Quadrate von 6 x 6 cm schneiden, in Zellophanfolie einwickeln und einfrieren.
3. 12 Streifen von 1 mm Dicke in der Schneidemaschine zurechtschneiden und auf Backpapier ausbreiten.

Ravioli aus Erbsen und Minze
1. Die Erbsen in kochendem Wasser und Salz erhitzen. In Eiswasser abkühlen und schälen.
2. Das Backpapier mit den Streifen von iberischem Speck nehmen und auf jedem Streifen ein Minzblatt und 8 oder 10 Erbsen anrichten.
3. Die Ravioli formen, indem die äußeren und inneren Enden der Speckstreifen über die Erbsen geklappt werden. Den Vorgang mit den Längsseiten wiederholen.
4. Mithilfe eines recht feinen Küchenmessers um die Ravioli herumschneiden, um diese verarbeiten zu können.

Knuspriger Schinken
1. Den Schinken in so feine Streifen wie möglich schneiden.
2. Die Schinkenstreifen auf einem Backblech ausbreiten, auf diese ein Blatt Backpapier legen, und mit einem Gewicht beschweren.
3. Bei 90 °C im Ofen backen, bis die Schinkenstreifen kross sind.

Minzöl
1. Die Minzblätter nehmen – die Stiele werden für ein anderes Gericht aufgehoben – und in kochendem Wasser erhitzen.
2. In Eiswasser abschrecken und abtropfen lassen.
3. Die Minzblätter zusammen mit dem Öl in einem Mixer pürieren.
4. Durch ein Sieb mit Metallmaschen passieren und in einen Dressing-Shaker füllen.

Fertigstellung und Präsentation

Die Creme erhitzen, aber nicht kochen. Einige Tropfen Minzöl dazugeben.
Die Ravioli erwärmen und auf den Teller legen.
Darauf die krossen Schinkenstreifen platzieren.
Den Teller zusammen mit einer Karaffe der gut warmen Creme servieren.

Cremige Avocado mit Lachs und knusprigem Sauerteigbrot

Zutaten

Cremige Avocado

250 g Avocado

75 g Crème double

3 g Salz

Karamellisierte Peperoni

2 Peperoni

10 ml Wasser

10 g Zucker

Sauerteigbrot

½ Sauerteigbrot

Außerdem

40 g Forellenkaviar

40 g marinierter Lachs

8 frische Korianderblätter

Zubereitung

Cremige Avocado

1. Die Avocado in der Mitte teilen, den Kern herausnehmen und die Schale entfernen.
2. Das Fleisch durch ein Sieb mit Metallmaschen passieren.
3. Die Avocado mit der Crème double mithilfe eines Schneebesens verrühren. Mit Salz abschmecken.
4. Die Creme in einen Einwegspritzbeutel füllen und bis zum Gebrauch im Kühlschrank aufbewahren.

Karamellisierte Peperoni

1. Den Zucker in Wasser auflösen und kochen, bis ein Sirup daraus entstanden ist.
2. Die Peperoni mit einem feinen Messer längs einschneiden, die Kerne herausnehmen und in den Sirup tauchen.
3. Bei 90 °C in den Ofen schieben und trocknen bis die Peperoni kross und karamellisiert sind.
4. In ein Gefäß geben, verschließen und an einem trockenen Ort aufbewahren.

Sauerteigbrot

1. Das Sauerteigbrot in Portionen von 4 cm schneiden und einfrieren.
2. Vertikal 4 Streifen von 2 mm Dicke mit der Brotschneidemaschine daraus zurechtschneiden.
3. Die Brotstreifen bei 180 °C im Ofen goldbraun backen.
4. In einer Plastikdose zwischen Backpapier aufbewahren.

Fertigstellung und Präsentation

Die cremige Avocado auf 4 Cocktailgläser verteilen.

Darauf den Forellenkaviar legen und auf diesem den marinierten Lachs, den Koriander und das krosse Sauerteigbrot platzieren.

Zum Schluss die karamellisierten Peperoni darauf anrichten.

Steinpilztarte
mit Zwiebeln und Bacon an Portwein

Zutaten

Geschmorte Steinpilze

800 g Steinpilzköpfe
1 l Olivenöl 0,4
50 g frischer Knoblauch
2 Lorbeerblätter

Streifen aus geschmorten Steinpilzen

600 g geschmorte Steinpilze (zuvor zubereitet)

Füllung aus Zwiebeln und Bacon

300 g Zwiebeln
100 g normaler Bacon
150 g Steinpilzstiele
100 ml Sahne
100 ml Portwein
50 ml Olivenöl 0,4

Pinienkern-Vinaigrette

150 g Pinienkerne
50 ml Steinpilzöl (aus der Zubereitung der geschmorten Steinpilze)
30 ml Sherryessig
1 g Salz
5 g gehackter Schnittlauch

Streifen aus Filoteig

3 Filoteigblätter
50 g Butter

Salat

1 Kopf Endiviensalat
1 Lollo Rosso
200 g Feldsalat
1 kg Eichenblattsalat

Zubereitung

Geschmorte Steinpilze

1. Den Großteil des schwammigen Inneren der Köpfe herausschneiden und diese mit einem feuchten Tuch säubern.
2. Die Köpfe für 30 Sekunden in reichlich Wasser mit Salz kurz aufkochen und abtropfen lassen.
3. Das Olivenöl mit dem Lorbeer und dem gehackten Knoblauch aromatisieren und auf 65–70 °C erwärmen.
4. Die Steinpilze in das Öl geben und die Temperatur weitere 30 Minuten beibehalten.
5. Von der Kochstelle nehmen und so 24 Stunden lang stehenlassen.
6. Die Steinpilze abtropfen lassen und gut auf einem Blech verteilt einfrieren.
7. Das Öl für die Pinienkern-Vinaigrette aufheben.

Steinpilzstreifen

1. Die Steinpilze in der Schneidemaschine längs in Streifen von 2 mm schneiden.
2. Die Streifen 5 mm überlappend auf 4 Blatt Backpapier aufeinanderlegen und Rechtecke von 8 x 4 cm bilden.

Füllung aus Zwiebeln und Bacon

1. Die Zwiebeln schälen und in feine Stücke schneiden.
2. Mit einigen Tropfen Olivenöl anbraten, dabei ununterbrochen rühren, bis diese eine leicht goldbraune Farbe haben.
3. Das überschüssige Öl abgießen und dafür mit ein wenig Wasser abmildern.
4. Die Zwiebeln kochen, bis diese zart sind. Das überschüssige Öl abgießen.
5. Den Bacon in feine Stücke schneiden, blanchieren und abtropfen lassen.
6. In einer Pfanne anbraten, bis dieser kross ist.
7. Die Steinpilzstiele in Würfel von 5 mm Größe schneiden und in einer Pfanne goldbraun braten.
8. Zwiebeln und Schinken mit den Steinpilzwürfeln vermengen und die leicht reduzierte Sahne darüber gießen.
9. 5 Minuten kochen lassen und dann neben der Kochstelle den Portwein über die Mischung gießen.

Pinienkern-Vinaigrette

1. Die Pinienkerne auf einem Backblech ausbreiten und bei 150 °C goldbraun rösten.
2. 125 g der noch warmen gerösteten Pinienkerne mit dem Steinpilzöl in einen Mixer geben und pürieren, bis eine feine homogene Creme entstanden ist.
3. Den Essig zufügen und mit Salz abschmecken.
4. Bis zum Gebrauch im Kühlschrank aufbewahren, bis wir dann den gehackten Schnittlauch und die 25 g zerstückelten Pinienkerne dazugeben, die wir aufgehoben haben.

Pasta aus Filoteig

1. Das überschüssige Mehl mit Hilfe eines Pinsels von den Filoteigstreifen abnehmen.
2. Die Butter schmelzen und einen Streifen damit bepinseln.
3. Einen weiteren Streifen darauflegen und den Vorgang wiederholen bis 3 Schichten aufeinander liegen.
4. 8 Rechtecke von 8 cm Länge und 5 cm Breite daraus schneiden und auf Backpapier legen, ein Blech darauf legen, damit diese nicht aufquellen.
5. Bei 210 °C backen, bis die Filoteigstreifen eine schöne goldbraune Farbe angenommen haben.

Salat

1. Den Kopfsalat waschen und die feinsten Blätter für den Salat aufheben.
2. Bis zum Gebrauch in Küchenpapier eingewickelt im Kühlschrank aufbewahren.

Fertigstellung und Präsentation

Die warme Zwiebel- und Baconfüllung auf eine krosse Filoteigschicht geben.

Mit einer anderen krossen Filoteigschicht bedecken und zum Abschluss der Tarte die geschmorten Steinpilzstreifen darauf platzieren.

Im Salamander erhitzen.

Den Salat mit Salz und einigen Tropfen Olivenöl virgen extra würzen und an einer Seite des Tellers anrichten.

Zum Schluss die Steinpilztarte mit der Pinienkern-Vinaigrette würzen.

Grüner Spargel und Gambas mit Steinpilz-*Carpaccio* und Idiazábal-Käse

Zutaten

Grüne Spargelspitzen
16 grüne Spargelstangen

Gambas
12 frische Gambas

Geschmorte Steinpilze
800 g Steinpilzköpfe
400 ml Olivenöl
50 g frischer Knoblauch
2 Lorbeerblätter

Idiazábal-Käsecreme
250 g Idiazábal-Käse
250 ml Sahne
250 ml Vollmilch
400 ml Olivenöl

Zitronenmarmelade
300 g Zitronen
2,5 g Glukose

Außerdem
25 ml geröstete Pinienkerne
5 g gehackter Schnittlauch

Zubereitung

Grüne Spargelspitzen

1 Den faserigen Teil des Spargels abtrennen und diese auf 12 cm Länge schneiden.
2 Den Spargel vorsichtig schälen, sodass die Spitzen nicht abbrechen.
3 3 Minuten in kochendes Salzwasser tauchen.
4 Mithilfe einer Schaumkelle herausnehmen und in Eiswasser mit Salz abschrecken.
5 Nochmals abtropfen lassen und trocknen.

Gambas

1 Die Köpfe der Gambas abtrennen und die Schwänze schälen.
2 Einen 0,5 cm großen Schnitt an der breitesten Stelle des Schwanzes durchführen, um den Darm herauszunehmen.
3 Im Kühlschrank aufbewahren.

Geschmorte Steinpilze

1 Den schwammigen Teil im Inneren der Köpfe soweit wie möglich herausschneiden und diese mit einem feuchten Tuch säubern.
2 Die Köpfe 30 Sekunden lang in reichlich Wasser mit Salz abbrühen und abtropfen lassen.
3 Das Olivenöl mit Lorbeer und den halbierten Knoblauchzehen aromatisieren und auf 65 bis 70 °C erwärmen.
4 Die Steinpilze in das Öl legen und die Temperatur für weitere 30 Minuten beibehalten.
5 Von der Kochstelle nehmen und so die nächsten 24 Stunden stehen lassen.
6 Abtropfen lassen und die auf einem Blech gut ausgebreiteten Steinpilze einfrieren.
7 Das Öl für andere Zubereitungen aufheben.

Idiazábal-Käsecreme

1 Den Idiazábal-Käse reiben und beim ersten Aufkochen in die Milch geben.
2 Die Sahne neben der Kochstelle zufügen und so 30 Minuten ziehen lassen.
3 Durch ein Sieb mit Metallmaschen passieren und bis zum Gebrauch in einem Wasserbad aufbewahren.
4 Das Olivenöl im Moment vor dem Servieren dazugeben.

Zitronenmarmelade

1 Die Schale der Zitrone mit einem Schälmesser entfernen und daraus 1 mm große Würfelchen schneiden.
2 Die Zitronen durch einen Entsafter pressen und zusammen mit der Glukose bei niedriger Hitze reduzieren bis diese die Dichte einer leichten Marmelade angenommen haben.
3 Von der Kochstelle nehmen, die Würfelchen aus der Zitronenschale zufügen und abkühlen lassen. In einen Dressing-Shaker füllen.

Fertigstellung und Präsentation

Den Spargel mit Salz abschmecken und mit Schnittlauchöl würzen.

Den Spargel auf dem Teller anrichten und eine Messerspitze Zitronenmarmelade auf jede Spitze tupfen.

Die Spargelstangen mit dem Steinpilz-*Carpaccio* bedecken.

Die Gambas salzen, von der geöffneten Seite scharf anbraten und ohne Ordnung über den Teller verteilen.

Die Idiazábal-Käsecreme mit dem Olivenöl verdünnen und damit würzen.

Zum Schluss die Pinienkerne und den gehackten Schnittlauch darüber streuen.

Weiße Spargelspitzen in eigener Suppe und Sommertrüffel

Zutaten

Weiße Spargelspitzen
20 weiße Spargelstangen

Spargelsuppe
250 g weiße Spargelstangen
200 ml Spargelwasser
45 ml Olivenöl 0,4
10 ml Olivenöl virgen extra
14 ml frischen Zitronensaft
6 g Zitronenschale
10 g feines Salz

Sommertrüffel
50 g Sommertrüffel

Kerbelöl
100 ml Olivenöl 0,4
100 g Kerbel

Frische Mandeln
1 ml weißes Trüffelöl
50 g Eigelb
16 Kerbelblätter
Maldon Salz

Zubereitung

Weiße Spargelspitzen

1. Die Spargelstangen abschneiden und den faserigen Teil wegwerfen.
2. Den Spargel schälen, ohne dass die Spitzen abbrechen.
3. Die Spargelspitzen schräg abschneiden und auf eine Länge von 3,5 cm bringen. Die Stangen für die Zubereitung der Suppe aufbewahren.
4. Die Spargelspitzen 3 Minuten in Wasser kochen, das mit Salz abgeschmeckt wurde.
5. In ihrem eigenen Wasser abkühlen lassen.

Spargelsuppe

1. Die Spargelstangen 7 Minuten lang in mit Salz abgeschmecktem Wasser kochen.
2. Über einer Stahlschüssel abtropfen lassen und das Kochwasser aufbewahren.
3. Die Spargelstangen zusammen mit dem Kochwasser und dem Zitronensaft in einem Mixer pürieren, bis eine homogene Mischung entstanden ist.
4. Die Olivenöle zufügen und emulgieren, bis daraus eine sehr leichte Suppe geworden ist.
5. Die Suppe durch ein Sieb mit Metallmaschen passieren.
6. Die geraspelte Zitronenschale zufügen und mit Salz abschmecken.
7. Bis zum Gebrauch im Kühlschrank aufbewahren.

Sommertrüffel

1. Die Trüffel unter einem Wasserstrahl mit einer Bürste säubern und den rauen Teil mit einem Messer abschaben.
2. Mit der Mandoline Streifen von $\frac{1}{2}$ cm Dicke daraus schneiden.

Kerbelöl

1. Die Kerbelblätter abtrennen, aufkochen und in Eiswasser abkühlen.
2. Den Kerbel mit dem Öl in einem Mixer pürieren.
3. Durch ein Sieb mit Metallmaschen passieren und mit Salz abschmecken.

Außerdem

1. Das pasteurisierte flüssige Eigelb, das mit Salz abgeschmeckt wurde, in einen Dressing-Shaker füllen.

Fertigstellung und Präsentation

Die Spargelspitzen auf dem Teller platzieren.

Auf dekorative Weise die Mandeln und die Trüffelstreifen darauf anrichten, die zuvor mit Salz und einigen Tropfen weißen Trüffelöls gewürzt wurden.

Mit Kerbelöl und Eigelb würzen.

Zum Schluss die Suppe aus weißem Spargel sehr kalt servieren.

4 Eier

Wenn man seine Zusammensetzung betrachtet, entfaltet das Ei eine Komplexität, die es einzigartig macht. Es kann schäumen, emulgieren, verdicken, binden, färben und es ist vielseitig einsetzbar. Aber es ist das Eigelb, das am meisten fasziniert. Ein hauchdünner Film hält den ganzen Geschmack des Eis zusammen und, wenn wir darüber nachdenken, ist dies der perfekteste Ravioli, den uns die Natur geschenkt hat.

Man kann mit ihm als einzige Zutat arbeiten, als Spiegelei oder weichem Ei bis zum *Mollet* oder pochierten Ei, bis natürlich zum gekochten Ei oder dem in der Tortilla. Man muss ihm ganz deutlich eine Hauptrolle beimessen, indem man ihm ein ganzes Kapitel dieses Buches widmet.

Bei niedriger Temperatur pochiert und traditionell, als Spiegelei, begleitet von Gemüse, Fleisch, Fonds, Brühen ... das sind einige der Varianten, die in diesem Kapitel vorkommen.

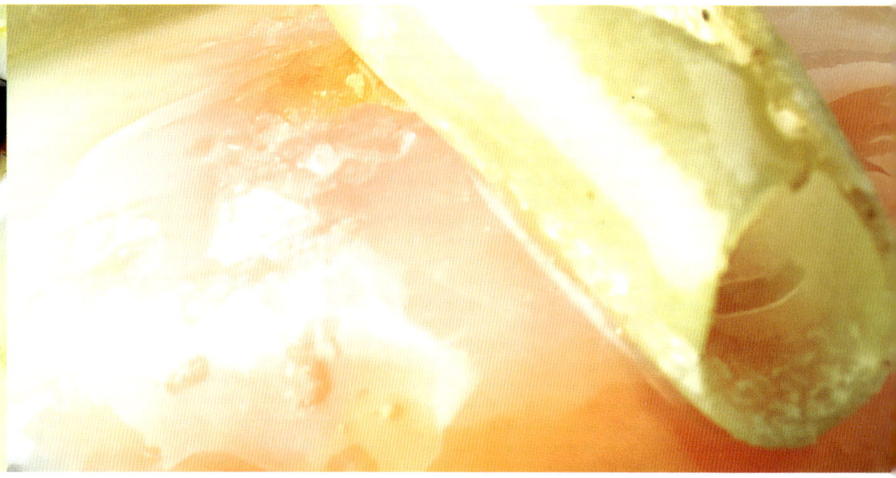

In diesem Kapitel

Empfohlenes Gericht	Technik / Konzept	Temperatur	Schwierigkeit	Empfohlenes Getränk
Pochiertes Ei mit Sommertrüffeln	Kochen bei niedriger Temperatur	Warm	★☆☆☆☆	Rotwein AOC Chambertin
Kaputte Eier mit Trüffelgelatine und dicken Bohnen	Warme Gelatine/ Espumas	Warm	★☆☆☆☆	Rotwein AOC Musigny
Pochiertes Ei mit Pilz-Estofado	Kochen bei niedriger Temperatur	Warm	★☆☆☆☆	Rotwein AOC Echezaux
Spiegeleier mit Kartoffeln und Schinken	Brot aus der Mikrowelle	Warm	★☆☆☆☆	Rotwein DOCG Barbaresco
Pochiertes Ei mit Paprika und Lammbries	Kochen bei niedriger Temperatur	Warm	★☆☆☆☆	Rotwein AOC Hermitage

Pochiertes Ei
mit Sommertrüffeln

Zutaten

Pochierte Eier

4 kleine Eier

Trüffel

80 g Sommertrüffel

Garnitur

4 grüne Spargelstangen

100 g kleine Steinpilze

Außerdem

10 ml weißes Trüffelöl
(*Tuber maganatum*)

5 g Maldon Salz

Zubereitung

Pochierte Eier

1 Die Eier 30 Minuten lang bei 65 °C köcheln.

2 In Eiswasser abkühlen, um den Kochvorgang zu unterbrechen.

3 Die Eier mithilfe eines Küchenmessers am schmalen Ende öffnen (Vorsicht, dass diese nicht zerbrechen) und das Ei so komplett wie möglich mit einem Löffel herausheben.

4 Bis zum Gebrauch mit Wasser bedeckt aufbewahren.

Trüffel

1 Die Trüffel mit einer Bürste unter einem Wasserstrahl reinigen.

2 Die Trüffel schälen und den rauesten Teil abschaben.

3 Mit der Mandoline Streifen von 1 mm Dicke hobeln.

Garnitur

1 Die Spargelstangen abschneiden und den faserigen Teil wegwerfen.

2 Die Spargelstangen mithilfe eines Spargelschälers schälen, dabei aufpassen, dass die Spitzen nicht abbrechen.

3 Dann längs mit der Hilfe eines Schälmessers einschneiden, sodass Streifen daraus entstehen.

4 Die kleinen Steinpilze mit einem feuchten Tuch säubern.

5 In Streifen von 0,5 cm Dicke schneiden.

Fertigstellung und Präsentation

Die Eier bei einer Temperatur von 45 °C erwärmen und aufpassen, dass das Eigelb nicht gerinnt.

Die Spargelstreifen und die Steinpilze in einer Pfanne mit einigen Tropfen Olivenöl anbraten.

Das Ei auf dem Teller platzieren und rundherum den Spargel und die Steinpilze anrichten.

Zum Schluss die Sommertrüffelstreifen, Maldon Salz und das weiße Trüffelöl auf das Ei geben.

Kaputte Eier
mit Trüffelgelatine und dicken Bohnen

Zutaten

Pochierte Eier

4 kleine Eier

Trüffelgelatine

250 ml Trüffel-Jus

1 g Agar-Agar

Kartoffel-Espuma

75 ml Sahne

60 ml Kochwasser der Kartoffeln

25 ml Olivenöl virgen extra

150 g galizische Kartoffeln

3 g Salz

1 Espumaschäumer von $^1/_2$ l

1 Einheit N20 Gaspatronen

Garnitur

200 g Steinpilze

200 g Saubohnen

Zubereitung

Pochierte Eier

1. Die Eier 30 Minuten bei 63 °C köcheln lassen.
2. Sofort danach in Eiwasser abkühlen, um den Kochvorgang zu unterbrechen.
3. Die Eier vorsichtig am schmalen Ende mithilfe eines Küchenmessers öffnen und ganz mit einem Löffel herausnehmen.
4. Die Eier bis zum Gebrauch in einen Topf mit Wasser einlegen.

Trüffelgelatine

1. $^1/_3$ des Trüffel-Jus aufkochen, Agar-Agar dazugeben und erneut aufkochen.
2. Den restlichen Trüffel-Jus hinzugeben und vermischen.
3. In Cocktailgläser verteilen und im Kühlschrank gelieren lassen.

Kartoffel-Espuma

1. Die Kartoffeln – geschält und in Stücke geschnitten – in kaltem Wasser ohne Salz aufkochen.
2. Mit den restlichen Zutaten vermischen, 1 Minute lang kochen, pürieren und mit Salz abschmecken.
3. Die Mischung durch ein feines Sieb streichen, in einen Espuma-Schäumer mit Gaspatronen füllen und bis zum Gebrauch in einem Wasserbad warm halten.

Garnitur

Die Saubohnen erhitzen und schälen.

Die Steinpilze säubern und in Würfel von 1 cm Größe schneiden.

Fertigstellung und Präsentation

Die Steinpilze anbraten, bis diese Farbe bekommen haben, die Bohnen zufügen und mit Salz abschmecken.

Die herausgenommenen Eier mit einem Löffel zerschlagen. Mit Salz abschmecken.

Die gebratenen Saubohnen und Steinpilze in ein Glas geben, darauf die Trüffelgelatine, danach das kaputte Ei und auf dieses die Kartoffel-Espuma füllen.

Zum Schluss einige Tropfen Olivenöl darauf träufeln.

Dieses Gericht kann in einem Glas oder auf einem Teller serviert werden.

Pochiertes Ei
mit Pilz-Estofado

Fertigstellung und Präsentation

Die pochierten Eier bei einer Temperatur von 45 °C erwärmen und aufpassen, dass das Eigelb nicht gerinnt.

Auf den Grund des Tellers das Pilz-Estofado geben.

Das pochierte Ei in der Mitte anrichten und mit der Sauce vollständig überziehen.

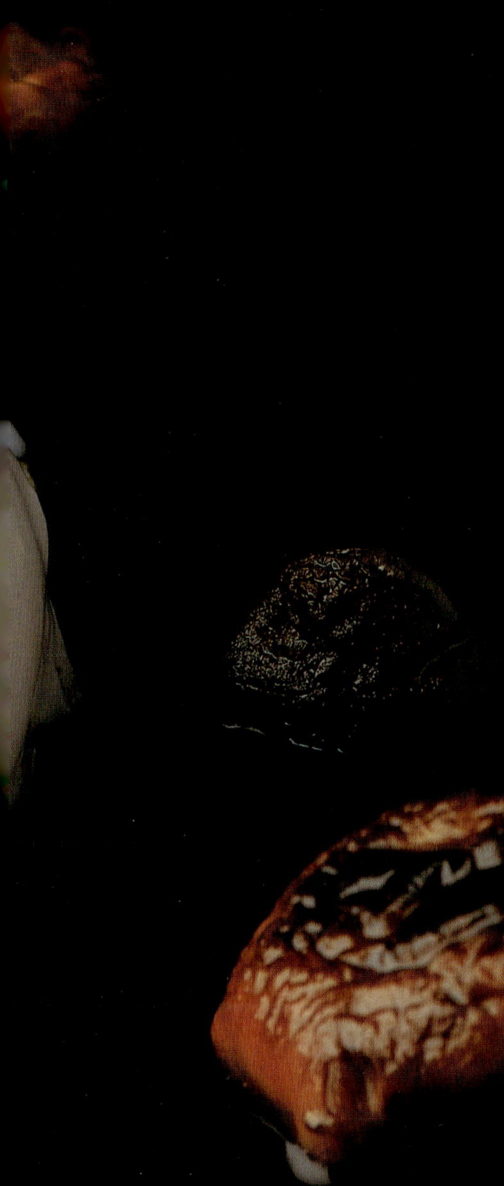

Zutaten

Pochierte Eier
4 kleine Eier

Fleischfond
500 g Rinderfüße
500 g Rippenfleisch vom Rind
100 g Möhren
200 g Zwiebeln
100 g Porree
200 g reife Tomaten
6 g Thymian
6 g Rosmarin
6 g normale Petersilie
250 g Zucker
1 500 ml junger Rotwein
3 l Wasser

Pilz-Estofado
¼ Artischocke
100 g violette Rötelritterlinge
100 g Pfifferlinge
100 g Champignons
100 g reifere Tomaten
50 g geschmorter Knoblauch

Sauce
25 g Schalotten
50 g Butter
100 ml Portwein
150 ml Fleischfond (zuvor zubereitet)
20 g schwarze Trüffel
5 g feines Salz

Außerdem
4 Kerbelblätter
8 Lavendelzweige
8 Thymianzweige

Zubereitung

Pochierte Eier

1. Die Eier bei 63 °C 30 Minuten lang köcheln lassen.
2. Sofort danach in Eiswasser abkühlen, um den Kochvorgang zu unterbrechen.
3. Die Eier vorsichtig am schmalen Ende mithilfe eines Küchenmessers öffnen und ganz mit einem Löffel herausnehmen.
4. Die Eier bis zum Gebrauch in einem Topf mit Wasser aufbewahren.

Fleischfond

1. Das Rippenfleisch vom Rind und die Knochen bei 180 °C erhitzen, bis diese eine schöne goldbraune Farbe angenommen haben.
2. Den Rotwein mit dem Zucker reduzieren und den Braten damit bepinseln.
3. Zwiebeln, Porree, Möhren und Tomaten in dieser Reihenfolge anbraten. Zuletzt die Kräuter zufügen.
4. Die Knochen und den Wein zusammen mit dem Gemüse in einen hohen Topf geben und mit Wasser bedecken.
5. Bei mittlerer Hitze 12 Stunden kochen.
6. Durch ein Sieb mit Metallmaschen passieren und den Fond schnell abkühlen.
7. In Plastikgefäße umfüllen und den Fond kühl halten.
8. Das Fett vom Fleischfond abschöpfen und bis zum gewünschten Punkt reduzieren.

Pilz-Estofado

1. Kleine Pilze von guter Optik auswählen.
2. Den Fuß abschneiden und die Erde mit einem feuchten Tuch vom Hut abwischen.
3. Die Artischocke säubern, in Viertel schneiden und in Wasser mit Petersilie legen, um zu verhindern, dass diese oxidiert.
4. Die Tomate schälen und in Würfel von 0,5 cm Kantenlänge schneiden.
5. Die Artischocken zusammen mit den Tomatenwürfeln anbraten.
6. Die Pilze zu der Mischung dazugeben und den Fleischfond darüber gießen.
7. 5 Minuten lang dünsten.

Sauce

1. Die Schalotte schälen und in sehr feine *Brunoise* (Würfel) schneiden.
2. In der Butter anbraten, bis diese transparent sind.
3. Den Portwein dazugießen und die Mischung auf die Hälfte ihres Volumens reduzieren.
4. Den Fleischfond dazuschütten und weiter reduzieren.
5. Durch ein Sieb mit Metallmaschen passieren und mit Butter binden.
6. Bis zum Gebrauch in einem Wasserbad warm halten, dann die gehackten Trüffel dazugeben.

Spiegeleier mit Kartoffeln und Schinken

Zutaten

Spiegelei
4 kleine Eier

Zwiebelpüree
250 g Zwiebeln
50 ml Olivenöl 0,4

Brot aus der Mikrowelle
250 g Eigelb
160 ml Eiweiß
50 g Mehl
40 g Zucker
7 g feines Salz

Außerdem
200 g galizische Kartoffeln
100 g iberischer Bellota-Schinken
Maldon Salz

Zubereitung

Zwiebelpüree

1 Die Zwiebeln schälen und in feine Stücke schneiden.
2 Mit einigen Tropfen Olivenöl andünsten und dabei ununterbrochen rühren, bis diese eine leicht goldbraune Farbe angenommen haben.
3 Das überschüssige Öl abgießen und Wasser zufügen.
4 Die Zwiebeln kochen, bis das Wasser verdunstet ist und durch ein feines Sieb passieren.
5 Mit dem restlichen Olivenöl in einem Mixer emulgieren, bis ein feines Püree entstanden ist.
6 Mit Salz abschmecken.

Brot aus der Mikrowelle

1 Alle Zutaten in einem Mixer vermischen.
2 4 Plastikgläser zur Hälfte damit füllen.
3 50 Sekunden lang bei mittlerer Hitze in der Mikrowelle garen.
4 Mithilfe eines Messers aus der Form lösen.

Außerdem

1 Die Kartoffeln schälen und in Stäbchen von 0,5 cm Größe schneiden.
2 Den Schinken in ebenso große Stücke wie die Kartoffeln würfeln.

Fertigstellung und Präsentation

Das Ei in reichlich Öl frittieren, sodass das Eigelb so roh wie möglich bleibt.

Einen Teil des Eiweißes mit einem sehr feinen Messer entfernen.

Die Kartoffeln frittieren, bis diese schön kross sind.

In der Mitte des Tellers ein Damespielbrett bilden, indem abwechselnd die Kartoffel- und Schinkenwürfel platziert werden, und das Ei obendrauf legen.

Den Teller mit dem frisch in der Mikrowelle gebackenen Brot krönen und zum Schluss noch einige Tupfen geschmorte Zwiebeln daneben anrichten.

Hinweis
Wenn Saison ist, ergänzen einige Streifen frische Trüffel dieses Gericht sehr gut.

Pochiertes Ei
mit Paprika und Lammbries

Zutaten

Pochierte Eier
4 kleine Eier

Saft von roter Paprika
400 g rote Paprika

Lammbries
160 g Lammbries
50 g Mehl
1 g Salz

Brotstreifen
Ein halbes Ciabatta-Brot

Schwarze Trüffel
40 g Sommertrüffel

Knoblauch-Chips
40 g geschälter Knoblauch
80 ml Sonnenblumenöl

Außerdem
8 Blätter Fenchelgrün
8 Kerbelblätter
Maldon Salz

Zubereitung

Pochierte Eier

1. Die Eier bei 63 °C 30 Minuten lang köcheln lassen.
2. Sofort in Eiswasser abkühlen, um den Kochvorgang zu unterbrechen.
3. Die Eier am schmalen Ende mithilfe eines Küchenmessers öffnen und einen Löffel benutzen, um diese ganz herauszuholen.
4. Die Eier in ein Gefäß mit Wasser einlegen, bis diese verwendet werden.

Saft von roter Paprika

1. Die Paprika waschen und im Ofen bei 180 °C goldbraun rösten, ohne dass diese anbrennen.
2. 20 Minuten lang in einer mit Zellophanfolie abgedeckten Metallschüssel ruhen lassen.
3. Die Paprika schälen, dabei die Kerne entfernen und den gesamten Saft aufbewahren.
4. Paprika und Saft in einen Vakuumbeutel füllen. 5 Stunden lang bei einer Temperatur von 70 °C kochen.
5. Eine gewisse Zeit im Kühlschrank still ruhen lassen, dann in ein Sieb mit Metallmaschen, das mit einem Mulltuch ausgelegt ist, abgießen.
6. Die Brühe bei einer Temperatur von maximal 70 °C reduzieren, bis diese die gewünschte Konsistenz hat.

Lammbries

1. Das Bries ausbluten lassen, indem es 12 Stunden lang in Eiswasser eingelegt wird.
2. Erhitzen und wieder in Eiswasser mit Salz abkühlen.
3. Das Häutchen entfernen, das jedes Bries umgibt, und das Bries in nussgroße Stücke mit 1 cm Durchmesser zerteilen.
4. Bis zum Gebrauch in Küchenpapier eingewickelt aufbewahren.

Brotstreifen

1. Das Ciabatta-Brot in Portionen von 15 cm schneiden und einfrieren.
2. Vertikal 4 Streifen von 4 cm Breite und 2 mm Dicke mit der Brotschneidemaschine daraus schneiden.
3. Die Brotstreifen bei 180 °C leicht im Ofen rösten.
4. In einer Plastikdose, zwischen Backpapier, bis zum Gebrauch aufbewahren.

Schwarze Trüffel

1. Die Trüffel unter einem Wasserstrahl mithilfe einer Bürste säubern.
2. Die Trüffel schälen und dabei den rauesten Teil entfernen.
3. Mit einer Mandoline in Streifen von 1 mm Dicke reiben.
4. Die Streifen in feine Stückchen schneiden.

Knoblauch-Chips

1. Den Knoblauch in der Schneidemaschine in so feine Streifen wie möglich schneiden.
2. Ausgehend von kaltem Öl bei niedriger Hitze anbraten, bis dieser kross ist.
3. Das Öl durch ein Sieb abtropfen lassen und den Knoblauch zum Trocknen in eine mit Küchenpapier ausgelegte Form legen.
4. Aufheben.

Fertigstellung und Präsentation

Die pochierten Eier bei einer Temperatur von 45 °C erwärmen und aufpassen, dass das Eigelb nicht gerinnt.

Das Bries salzen und in Mehl wenden.

In einer beschichteten Pfanne braten, bis dieses kross ist.

Das Bries in dem gehackten Fenchel wälzen.

Das warme Ei auf dem Teller anrichten und mit Trüffeln und Maldon Salz würzen.

Aus dem Bries, den Knoblauch-Chips und dem Kerbel einen Salat herrichten.

Den Salat auf dem Knusperbrot platzieren und an den Rand des Tellers legen.

Zum Schluss den Paprikasaft servieren.

5 Käse und Milchprodukte

Nachdem wir eine kleine Forschungsarbeit über Milch und Nahrungsergänzungsmittel durchgeführt hatten, haben wir uns dazu entschieden, diese Rezepte aufgrund der Bedeutung, die sie in diesem Moment für uns hatten, aufzunehmen. Sie sind ein Projekt unserer Versuchsküche, befriedigten unseren Forschungsdrang und vor allem konnten wir viel dabei lernen.

Das und die Arbeit mit Olivenöl war der Anfang dessen, was wir heute sind. Ein Team und ein Projekt mit Träumen – und natürlich noch mit einem langen Weg vor uns.

Die Anwendung und Verwendung von Yuba und anderen Emulsionen und Gels ist entscheidend dafür gewesen, aus diesen Rezepten ein eigenes Kapitel zu gestalten.

Auch wenn es nichts Besseres geben mag als ein gutes Glas kalte Milch mit Keksen, so finden Sie hier doch sehr, sehr schmackhafte Rezepte.

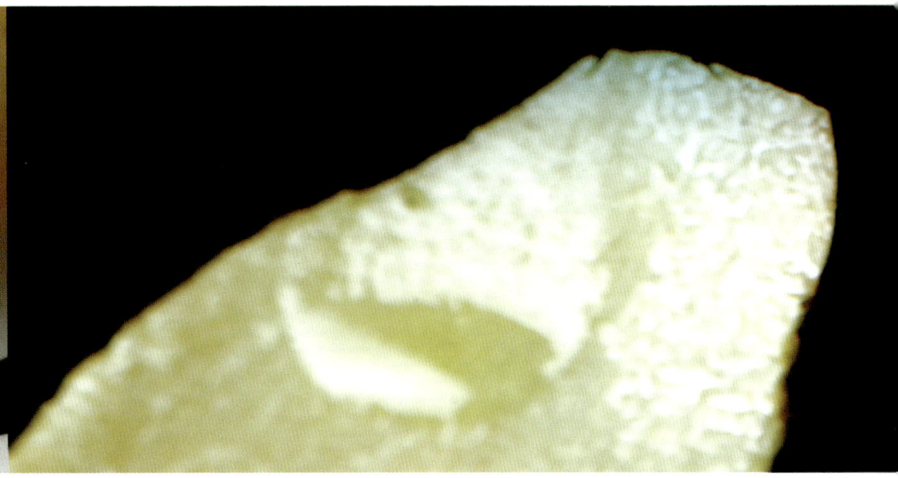

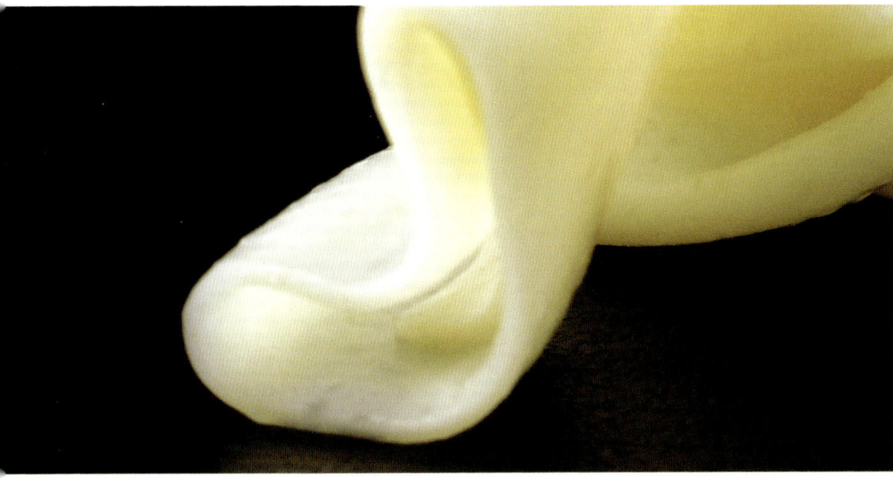

In diesem Kapitel

Empfohlenes Gericht	Technik / Konzept	Temperatur	Schwierigkeit	Empfohlenes Getränk
Parmesanmakkaroni mit Trüffelsauce	Gelieren mit Gellan	Lauwarm	★★★★★	Lambrusco di Grasparrosa
Gratinierte Cannelloni aus Milchhaut mit Sommertrüffeln	Milchhaut	Warm	★★★☆☆	Rotwein Mencía D. O. Ribeira Sacra
Milchbonbons	Milchplättchen mit Agar-Agar	Kalt	★★★★★	Cream D. O. Jerez
Tortilla aus Milchhaut mit Olivenölgrieß	Milchhaut / Flüssigstickstoff	Kalt	★★★★☆	Oloroso D. O. Jerez

Parmesanmakkaroni mit Trüffelsauce

Parmesanmakkaroni mit Trüffelsauce

Zutaten

Parmesanwasser

500 ml Wasser

400 g Parmesankäse

Makkaroni aus Gellan

500 ml Parmesanwasser (zuvor zubereitet)

1,4 g Gellan

Foie-gras

250 g Entenleber

1 g Salz

5 g gemahlener schwarzer Pfeffer

Zubereitung

Parmesanwasser

Den Parmesankäse 30 Minuten lang in kochendem Wasser ziehen lassen und durch ein Sieb mit Metallmaschen passieren.

Die so erhaltene Flüssigkeit in ein hohes Gefäß umfüllen, bis sich drei gut getrennte Schichten aus Wasser, Fett und Parmesansahne gebildet haben.

Die letzten zwei abnehmen und das Wasser aufbewahren.

Makkaroni aus Gellan

Parmesanwasser und Gellan in einem Mixer vermischen.

Auf den Herd stellen, bis dies zu kochen beginnt, dabei ununterbrochen rühren und den Schaum abnehmen.

In ein kubisches Gefäß von 6 x 6,5 cm umfüllen und 2 Stunden lang im Kühlschrank fest werden lassen.

Die Parmesangelatine mithilfe einer Schneidemaschine in Streifen von 1 mm Dicke schneiden.

Die falschen Makkaroni formen, indem sie diagonal in sich selbst eingerollt werden.

Im Kühlschrank aufbewahren.

Foie-gras

Die frische Leber auf 35 °C erwärmen, um ihre Säuberung zu erleichtern.

Von Häutchen und Sehnen mithilfe eines Küchenmessers befreien.

Mit Salz und Pfeffer würzen und im Mixer pürieren, bis eine recht feine Creme entstanden ist.

In einen Spritzbeutel füllen und bis zum Gebrauch im Kühlschrank ruhen lassen.

Fleischfond
500 g Rinderfüße
500 g Rippenfleisch vom Rind
6 g Petersilie
100 g Möhren
200 g Zwiebeln
100 g Porree
200 g reife Tomaten
1 Strauß Thymian
1 Strauß Rosmarin
25 g Zucker
1,5 l junger Rotwein
3 l Wasser

Trüffelsauce
250 ml Fleischfond (zuvor zubereitet)
100 ml Trüffel-Jus
10 g Butter
25 g Schalotten
50 ml Brandy

Fleischfond

Das Rippenfleisch vom Rind und die Knochen bei 180 °C braten, bis diese eine schöne goldbraune Farbe angenommen haben.

Den Rotwein mit dem Zucker reduzieren und den Braten damit bepinseln.

Zwiebeln, Porree, Möhren und Tomaten in dieser Reihenfolge anbraten. Zuletzt die Kräuter dazugeben.

Die Knochen und den Wein zusammen mit dem Gemüse in einen hohen Topf geben und mit Waser bedecken.

12 Stunden lang bei mittlerer Hitze kochen.

Durch ein Sieb mit Metallmaschen passieren und den Fond schnell abkühlen.

In Plastikgefäße füllen und den Fond kühl halten.

Das Fett vom Fleischfond abschöpfen und bis zum gewünschten Punkt reduzieren.

Trüffelsauce

Die Schalotten klein hacken und in Butter anbraten.

Mit dem Brandy flambieren und reduzieren, bis diese trocken sind.

Mit Trüffel-Jus und Fleischfond begießen.

Reduzieren und mit Salz abschmecken.

Fertigstellung und Präsentation

Die Parmesanmakkaroni mit der *Foie-gras*-Creme befüllen und im Salamander gratinieren.

Die Makkaroni zusammen mit dem Fleischfond auf dem Teller anrichten.

Darüber einen kleinen Sommertrüffel reiben.

Hinweis

Wir können den Parmesankäse auch knusprig machen und darin Milchmakkaroni einrollen.

Gratinierte Cannelloni aus Milchhaut mit Sommertrüffeln

Zutaten

Milchhaut
500 ml Vollmilch
100 ml Sahne

Cannelloni-Füllung
125 g frischer Speck
125 g Mark
125 g *Perretxico* (Frühlingspilz)
25 g Entenleber
25 g Hirn vom Lamm
25 g Sommertrüffel
5 g Salz

Außerdem
25 g Sommertrüffel
Maldon Salz

Fertigstellung und Präsentation

Die Cannelloni im Salamander gratinieren, bis die obere Schicht eine leicht goldbraune Farbe angenommen hat.

Zum Schluss die Trüffel darüber reiben und eine Prise Maldon Salz darauf streuen.

Zubereitung

Milchhaut

1 Die Milch in einen runden Bräter gießen und auf etwa 60 °C erwärmen.
2 Alle Bläschen, die sich eventuell gebildet haben, abnehmen.
3 Auf der Oberfläche beginnt sich eine Sahneschicht zu bilden.
4 Die erste Schicht benötigt ungefähr 15 Minuten, um sich zu bilden, die weiteren etwa 8 Minuten.
5 Die Milchhaut in der Mitte fassen und sehr vorsichtig abziehen. Auf ein Tablett mit Zellophanfolie, die mit Sahne bepinselt wurde, legen, nochmals mit Sahne bestreichen und mit Zellophanfolie bedecken.
6 Im Kühlschrank aufbewahren und besser erst am nächsten Tag verarbeiten.

Cannellonifüllung

1	Speck	Den Speck vom Rand befreien und in 12 x 12 cm große Stücke schneiden. In Olivenöl und Wasser schmoren, bis dieser gar ist. Abkühlen lassen und in Würfel von 0,5 cm Kantenlänge schneiden.
2	Mark	Das Mark 24 Stunden in Eiswasser einlegen und ausbluten lassen. Im Anschluss daran das Mark in kaltes Wasser legen und aufkochen. In diesem Wasser abkühlen lassen und in Würfel von 0,5 cm Kantenlänge schneiden.
3	Hirn	Das Hirn auf die gleiche Weise ausbluten lassen wie das Mark. Im Anschluss daran das Hirn in kaltes Wasser legen und aufkochen.. In diesem Wasser abkühlen lassen und klein hacken.
4	Pilze und Trüffel	Die Pilze säubern und in feine Würfel schneiden. Die Trüffel schälen und in *Brunoise* hacken.
5	*Foie-gras*	Die *Foie-gras* durch die *Microplane*-Reibe reiben.

Cannellonifüllung

1 Die Pilze in einer Pfanne anbraten.
2 Speck und Mark zu gleichen Teilen zufügen und abwarten, bis sie ihr gesamtes Fett verloren haben.
3 Das überschüssige Fett abgießen und das klein gehackte Hirn dazugeben.
4 Mit Salz und Pfeffer würzen und neben der Kochstelle Foie und Trüffel zufügen.
5 Bis zum Gebrauch temperieren lassen.

Milchbonbons

Milchbonbons

Fertigstellung und Präsentation

Die Bonbons mit Gewürzen und Aromen garniert auf einem Schieferbrett servieren.

Hinweis
Die Gelatine kann aus den bevorzugten Geschmacksrichtungen hergestellt werden.

Zutaten

Milch-Film
250 ml Vollmilch
1 g Agar-Agar

Kaffegelatine
100 g Kaffee Arabica
1 Blatt Gelatine

Himbeergelatine
1 Blatt Gelatine
100 g Himbeerpüree

Basilikumgelatine
1 Blatt Gelatine
100 g frischer Basilikum
100 ml Sirup (50%)

Außerdem
5 g Kakaopulver
5 g Sternanis in Pulverform
5 g Wacholderbeeren

Zubereitung

Milch-Film
1. Agar-Agar in die Milch geben und zum Kochen bringen.
2. Die Mischung auf einem Tablett auf eine Höhe von 1 mm ausbreiten.
3. Im Kühlschrank abkühlen lassen.

Kaffeegelatine
1. In einem Topf einen kleinen Teil des Kaffees mit dem zuvor in kaltem Wasser eingeweichten Gelatineblatt mischen.
2. Auf 60 °C erwärmen, dabei ununterbrochen umrühren und von der Kochstelle nehmen, um den restlichen Kaffee hinzuzufügen.
3. In ein Gefäß mit 1 cm Höhe füllen und im Kühlschrank fest werden lassen.

Himbeergelatine
1. In einem Topf einen kleinen Teil des Himbeerpürees mit dem zuvor in kaltem Wasser eingeweichten Gelatineblatt mischen.
2. Auf 60 °C erwärmen und ununterbrochen umrühren. Von der Kochstelle nehmen und das restliche Himbeerpüree hinzufügen.
3. Im Kühlschrank aufbewahren (in einem Gefäß von 1 cm Höhe), bis diese fest geworden ist.
4. In Würfel von 2,5 x 1 cm Größe schneiden.

Basilikumgelatine
1. Dio Basilikumblätter von den Stängeln abzupfen. Einen Teil in kochendes Wasser geben und die übrigen Blätter für andere Zubereitungen aufheben.
2. In Eiswasser abschrecken und abtropfen lassen.
3. Die Basilikumblätter zusammen mit dem Sirup in einem Mixer pürieren.
4. Durch ein Sieb mit Metallmaschen passieren.
5. In einem Topf einen kleinen Teil des Basilikumsirups mit dem zuvor in kaltem Wasser eingeweichten Gelatineblatt vermischen.
6. Auf 60 °C erwärmen, dabei ununterbrochen umrühren und dann von der Kochstelle nehmen, um den restlichen Sirup hinzuzufügen.
7. In ein Gefäß mit 1 cm Höhe schütten und im Kühlschrank fest werden lassen.
8. In Quader von 2,5 x 1 cm Kantenlänge schneiden.

Milchbonbons
1. In der Form Rechtecke auf dem Milch-Film markieren (Größe: 4 x 3 cm).
2. Die verschiedenen Gelatinesorten auf den Rechtecken platzieren.
3. Den Milch-Film so falten, als wäre er die Verpackung eines Bonbons.

Tortilla aus Milchhaut mit Olivenölgrieß

Zutaten

Milchhaut
500 ml Vollmilch
50 ml Sahne

Mozzarellaschaum
1 Büffelmozzarella
100 ml Mozzarellawasser
20 ml Sahne
1 Blatt Gelatine
1 Espumaschäumer von ½ l
2 Gaspatronen

Olivenölpulver
200 ml Olivenöl virgen extra
500 ml Flüssigstickstoff
1 Espumaschäumer von ½ l
1 Gaspatrone
4 g Salz

Gelatine aus schwarzen Trüffeln
200 ml Trüffel-Jus
1 Blatt Gelatine

Außerdem
4 Anchovis in Öl
Maldon Salz
8 frische Basilikumblätter

Zubereitung

Milchhaut

1. Die Milch in einen runden Edelstahlbräter gießen und auf eine Temperatur von etwa 60 °C erwärmen.
2. Alle Luftbläschen, die sich eventuell gebildet haben, abnehmen. Auf der Oberfläche beginnt sich eine Sahneschicht zu bilden.
3. Die erste Schicht braucht etwa 15 Minuten, um sich zu bilden, die weiteren etwa 8 Minuten.
4. Die Milchschicht in der Mitte fassen und sehr vorsichtig herausziehen.
5. Auf ein Tablett mit Zellophanfolie, die mit Sahne bepinselt wurde, legen. Auch von oben mit Sahne bestreichen und mit Zellophanfolie zudecken.
6. Im Kühlschrank aufbewahren. Es ist besser, wenn diese erst am nächsten Tag verarbeitet wird.

Mozzarellaschaum

1. Den Mozzarella mit seinem Wasser in einem Mixer pürieren und durch ein Sieb mit Metallmaschen passieren.
2. Einen Teil der Sahne erwärmen, darin die zuvor eingeweichte Gelatine eintauchen und mit der Mozzarellacreme mischen.
3. In einen Espumaschäumer geben und mit Gas laden.
4. 3 oder 4 Stunden lang im Kühlschrank aufbewahren.

Olivenölpulver

1. Das Olivenöl in den anderen Espumaschäumer geben und mit Gas laden.
2. Auf den Flüssigstickstoff richten und 1 Minute lang einwirken lassen, um das Olivenöl in Pulver zu verwandeln.
3. Durch ein Sieb mit Metallmaschen passieren und bei -20 °C einfrieren.

Gelatine aus schwarzen Trüffeln

1. Einen Teil des Trüffel-Jus erwärmen und mit der zuvor eingeweichten Gelatine mischen.
2. Den Rest des Trüffel-Jus hinzufügen und im Kühlschrank fest werden lassen.
3. Die Gelatine brechen und mit einem Schneebesen schlagen, bis diese eine recht feine Konsistenz hat.
4. In einen Dressing-Shaker füllen.

Außerdem

Die Anchovis in Streifen schneiden.

Fertigstellung und Präsentation

Die Zellophanfolie abziehen, die den oberen Teil der Milchhaut bedeckt.

Die Milchhaut mit einem sehr feinen Küchenmesser in Quadrate von 10 x 10 cm zurechtschneiden.

Den Mozzarellaschaum in deren Mitte setzen, und ein kleines Loch mittendrin lassen, in welches die Trüffelgelatine gefüllt wird. Die Füllung wie bei einem Ravioli mit der Milchhaut umwickeln.

Die Ravioli aus Milchhaut mit den Nahtstellen nach unten auf einem Teller anrichten.

Zum Schluss eine Linie aus Olivenölgrieß auf die Oberfläche des Ravioli zeichnen und darauf die Basilikumblätter, das Maldon Salz und die Anchovis verteilen.

6

Fisch und Meeresfrüchte

Mit Fischen, Krustentieren und Muscheln ist das Meer die frischeste und lebendigste Speisekammer, die wir haben. Durch sie machen wir eine Rundreise, begleitet von Gemüse, Salat, Öl, Obst oder Milchprodukten u. a. und zubereitet als *Carpaccio*, Grillgericht oder Geschmortes in zwölf Rezepten voller Schlichtheit und Technik.

In diesem Kapitel

Gericht	Technik / Konzept	Temperatur	Schwierigkeit	Empfohlenes Getränk
Jakobsmuscheln mit Manchego-Käsecreme und Batatepüree	Cremes und Pürees	Warm	★☆☆☆☆	Blanc de Blancs Chardonnay AOC Champagne
Pulpo mit Gemüse und leichtem Knoblauch-Pilpil	Leichtes Pilpil	Lauwarm	★★☆☆☆	Manzanilla de Sanlúcar
Meerbarbe mit Apfeltexturas	Luft/ Pulver	Warm	★★★☆☆	Weißwein Albariño D. O. Rías Baixas
Seeteufel mit Pisto in Textura	Textura eines Klassikers	Lauwarm	★★★☆☆	Barbera DOG Dolcetto d´Alba
Thunfisch mit grünen Pistazien, Tomatenmarmelade und Ingwerluft	Luft	Warm	★★☆☆☆	Gewürztraminer AOC Elsass
Pulpitos mit Cannelloni aus Knoblauchkartoffeln und Petersilie	Neue Teigwaren	Lauwarm	★☆☆☆☆	Rotwein Monastrell D. O. Valencia
Kabeljau „gustos básicos" mit Olivenölsuppe	Alle Geschmacksrichtungen	Warm	★★★☆☆	Junger Rotwein Garnacha de Navarra
Warme Kaisergranate mit Endivien an Knoblauch	Film aus Meerwasser	Lauwarm	★★★☆☆	Weißwein, Riesling QMP Rheingau
Die Essenz aus Venusmuscheln und Kartoffeln	Ein Klassiker, modern gemacht	Warm	★☆☆☆☆	Weißwein Chenin Blanc AOC Sancerre
Makrelen mit Pilzen und Artischocken *en papillote* an Thymian und Zitrone	Geschmortes	Warm	★★☆☆☆	Weißwein Riesling QMP Rheingau
Cannelloni aus Kürbis und Pute mit Lachs	Mariniertes / Geschmortes	Lauwarm	★★★★★	Weißwein Chardonnay AOC Chablis
Pulpo „galizische Art" mit Piquillo-Alioli	Emulsionen	Lauwarm	★☆☆☆☆	Brut Nature Gran Reserva

Jakobsmuscheln mit Manchego-Käsecreme und Batatepüree

Zutaten

Jakobsmuscheln
4 frische Jakobsmuscheln

Manchego-Käsecreme
150 g Manchego-Käse
60 ml Sahne
20 g Crème double

Batatepüree
250 g Batate/Süßkartoffeln
25 g Butter

Außerdem
12 frische Minzblätter
12 Safranfäden

Fertigstellung und Präsentation

Die Jakobsmuscheln würzen und mit einigen Tropfen Olivenöl von beiden Seiten in einer Pfanne scharf anbraten.

Tupfen aus Käsecreme und Batatepüree an einer Seite des Tellers platzieren.

Die Jakobsmuscheln auf die andere Seite legen und zum Schluss die Minzblätter auf den Tupfen aus Batatepüree und die Safranfäden auf dem Manchego-Käse drapieren.

Zubereitung

Jakobsmuscheln

1. Benutzen Sie ein Küchenmesser, um die Jakobsmuscheln zu öffnen und das Weichtier herauszunehmen, auf den Corail verzichten.
2. Die Jakobsmuscheln bis zum Gebrauch im Kühlschrank aufbewahren.

Manchego-Käsecreme

1. Den geriebenen Käse 20 Minuten lang in der kochenden Sahne ziehen lassen.
2. Durch ein Sieb mit Metallmaschen passieren, bis die Masse komplett durchgesiebt ist.
3. Die Crème double mit Hilfe eines Schneebesens unterziehen, bis eine homogene Mischung entstanden ist.

Batatepüree

1. Die Süßkartoffeln schälen und in ungleichmäßige Stücke schneiden.
2. Die Stücke mit der Butter in Alufolie einwickeln.
3. Bei 180 °C im Ofen garen, bis die Süßkartoffeln gekocht sind.
4. Süßkartoffeln und Butter in einen Mixer geben und pürieren, bis ein recht feines Püree entstanden ist. Mit Salz und Pfeffer abschmecken.

Pulpo mit Gemüse und leichtem Knoblauch-Pilpil

Zutaten

Pulpo
400 g Oktopusarme
3 Lorbeerblätter
200 ml Olivenöl virgen extra

Gemüse
8 Blumenkohlröschen
8 Broccoliröschen
4 Cherry-Tomaten
2 Baby-Möhren
4 Lauchzwiebelstangen

Pilpil
100 g frischer Knoblauch
50 ml Olivenöl virgen extra
10 ml Sahne

Außerdem
12 Kerbelblätter
12 rote *Shiso*-Blätter
12 Blatt Fenchelgrün

Zubereitung

Pulpo

1. Die Oktopusarme in kaltem Wasser waschen, bis aller Schmutz entfernt ist.
2. Den Oktopus zusammen mit dem Lorbeer in einen Vakuumbeutel geben.
3. 2,5 Stunden lang bei 95 °C kochen und in Eiswasser abkühlen.
4. Die Krake aus dem Vakuumbeutel nehmen und in Medaillons von 1 cm Dicke schneiden.
5. Mit Olivenöl virgen extra bedeckt im Kühlschrank aufbewahren.

Gemüse

1. Die äußere Schicht der Lauchzwiebeln entfernen und schälen.
2. Die Baby-Möhren schälen und in der Hälfte durchschneiden.
3. Alle Gemüse separat kurz in kochendem Salzwasser garen.
4. Sofort in Eiswasser mit Salz abkühlen und auf Küchenpapier trocknen.
5. In den Kühlschrank stellen.

Pilpil

1. Den Knoblauch in Olivenöl einlegen.
2. Den Knoblauch mit dem Olivenöl und der reduzierten Sahne emulgieren.
3. In einem warmen Wasserbad aufbewahren.

Fertigstellung und Präsentation

Den Oktopus in Öl erhitzen.

Das Gemüse anbraten und mithilfe einer runden Form in der Mitte des Tellers anrichten.

Den warmen Oktopus auf das Gemüse legen.

Mit dem Pilpil aus Knoblauch würzen und mit einem *Bouquet* aus Kräutern krönen. Dem Ganzen dadurch so viel Volumen wie möglich geben.

Meerbarbe mit Apfeltexturas

Fertigstellung und Präsentation

Die Meerbarbe in Olivenöl virgen der Sorte Hojiblanca legen und bei 65 °C 4 Minuten lang schmoren. Aus dem Öl nehmen und auf Küchenpapier abtropfen lassen.

Die Sidreluft auf dem Teller verteilen und die Meerbarbenfilets hineinlegen.

Die Apfelwürfel auf der Meerbarbe verteilen, dann die in Streifen geschnittene Fenchelknolle und das Pulver aus gebratenen Äpfeln hinzufügen.

Zum Schluss das Püree aus warmen Äpfeln an einer Seite des Tellers platzieren.

Zutaten

Meerbarbe
2 Meerbarben

Apfelpüree
300 g *Granny Smith*-Äpfel
50 g Butter
50 g Zucker

Sidreluft
2 g Soja-Lecithin
250 ml frischer Sidre

Apfelwürfel
100 g *Granny Smith*-Äpfel
50 ml Wasser
50 g Zucker

Pulver aus gebratenen Äpfeln
100 g *Granny Smith*-Äpfel
1 g Curry

Außerdem
200 ml Olivenöl
(der Sorte Hojiblanca)
1 Bund frischer Fenchel

Zubereitung

Meerbarben

1. Die Meerbarben entgräten und die Filets mithilfe eines Küchenmessers herausnehmen, ohne das Innere zu verletzen.
2. Die Hauptgräten mit einer Pinzette entfernen, sodass das Fleisch möglichst nicht beschädigt wird.
3. In Küchenpapier einwickeln und bis zum Gebrauch im Kühlschrank aufbewahren.

Apfelpüree

1. Die Äpfel schälen und vierteln.
2. Die Apfelviertel in Zucker wälzen und bei 180 °C im Ofen backen, bis diese weich sind.
3. Zusammen mit der Butter in einem Mixer emulgieren, sodass ein recht feines Püree entsteht.
4. Durch ein Sieb mit Metallmaschen passieren und bis zum weiteren Gebrauch im Kühlschrank aufbewahren.

Sidreluft

1. Beide Zutaten in ein hohes Gefäß mit 25 cm Durchmesser geben und mit Hilfe eines Stabmixers verrühren.
2. Der Stabmixer wird benutzt, um soviel Luft wie möglich in die Mischung einzurühren, indem die Oberfläche emulgiert, bis ein Schaum von luftiger Konsistenz entstanden ist.

Apfelwürfel

1. Die Äpfel schälen und in Würfel von 0,5 cm Kantenlänge schneiden.
2. Zusammen mit Wasser und Zucker in einen Vakuumbeutel geben und versiegeln. Im Kühlschrank aufbewahren bis, die Würfel leicht transparent sind.

Pulver aus gebratenen Äpfeln

1. Die Äpfel in Streifen von 1 mm schneiden.
2. Bei 90 °C im Ofen die Feuchtigkeit entziehen lassen, bis diese knusprig sind.
3. Zusammen mit dem Curry in einem Mixer pürieren.

Außerdem

1. Die frische Fenchelknolle in sehr feine Streifen schneiden.

Zutaten

Seeteufelfilets
600 g Seeteufel

Tomatenpüree
500 g reife Tomaten
10 g Salz
5 g Zucker

Emulgiertes Auberginenpüree
400 g Auberginen
50 ml Olivenöl virgen

Frühlingszwiebelpüree
1 Bund Frühlingszwiebeln
25 ml Olivenöl

Püree aus roter Paprika
500 g rote Paprika

Außerdem
25 g Püree
aus schwarzen Oliven
1 g Schnittlauch

Zubereitung

Seeteufelfilets

1. Die Seeteufelfilets säubern und die Gräten entfernen, sodass man 2 Filets erhält.

Tomatenpüree

1. Die Tomaten mit einem Küchenmesser schälen, in Viertel schneiden und die Kerne herausnehmen.
2. Die Tomaten auf ein Backblech legen, mit einigen Tropfen Olivenöl beträufeln und bei 150 °C im Ofen backen.
3. Die gebratenen Tomaten in einem Mixer pürieren, bis ein sehr feines Püree daraus geworden ist.
4. Durch ein Sieb mit Metallmaschen passieren, bis diese komplett durchgesiebt worden sind. Mit Salz abschmecken und Zucker hinzufügen, um die Säure zu mildern.
5. Bis zum Gebrauch in einem Sieb mit einem Mulltuch abtropfen lassen.

Emulgiertes Auberginenpüree

1. Die Auberginen der Länge nach teilen und mit grobem Salz 10 Minuten lang säubern, um ihnen das Wasser und die Bitterstoffe zu entziehen.
2. Die Auberginenhälften waschen, mit einigen Tropfen Olivenöl begießen und bei einer Temperatur von 180 °C im Ofen garen, bis diese weich sind.
3. Die Schale abziehen, in einem Mixer pürieren und mit Olivenöl emulgieren, bis daraus ein sehr feines Püree geworden ist.
4. Mit Salz abschmecken.

Frühlingszwiebelpüree

1. Die Frühlingszwiebeln schälen und in feine Stücke schneiden.
2. In einem Teil des Olivenöls anbraten und dabei ständig rühren, bis die Zwiebeln eine leicht goldbraune Farbe haben.
3. Das überschüssige Öl abgießen und Wasser hinzufügen, dann kochen lassen bis dieses verdunstet ist.
4. Durch ein feines Sieb passieren und mit dem Rest des Olivenöls in einem Mixer emulgieren, bis daraus ein recht feines Püree geworden ist.
5. Mit Salz abschmecken.

Püree aus roter Paprika

1. Die Paprika waschen und bei 180 °C im Ofen garen, sodass sie goldrot werden, aber in keinem Moment Gefahr laufen zu verbrennen, da sie sonst leicht bitter würden.
2. In eine Metallschüssel geben und 20 Minuten lang mit Zellophanpapier abdecken.
3. Die Paprika schälen, die Kerne entfernen und den Saft aufheben, den diese abgegeben haben.
4. In einem Mixer mit einem Teil ihres Saftes pürieren, bis ein recht feines Püree daraus geworden ist.

Fertigstellung und Präsentation

Die Filets der Seeteufelschwänze in einer beschichteten Pfanne mit einigen Tropfen Olivenöl scharf anbraten, bis diese schön goldbraun sind.

In Alufolie einwickeln und 5 Minuten ruhen lassen.

Jedes Filet in Portionen von 2 cm Dicke schneiden und darauf das Püree aus Auberginen, Zwiebeln und Tomaten, die Olivenpaste und den gehackten Schnittlauch anordnen.

Auf einem Teller oder einem Löffel servieren.

Thunfisch mit grünen Pistazien, Tomatenmarmelade und Ingwerluft

Zutaten

Ventresca vom Thunfisch
400 g Bauchfleisch vom Thunfisch

Läuterzucker
50 ml Wasser
50 g Zucker

Tomatenmarmelade
200 g reife Tomaten
100 g Läuterzucker (zuvor zubereitet)

Püree aus grünen Pistazien
60 g grüne Pistazien
100 ml Wasser
1 g Salz

Ingwerluft
150 g Ingwer
3 g Soja-Lecithin
50 ml Wasser

Ventresca vom Thunfisch

Den Thunfisch vorbereiten, indem die Gräten und die Haut der Ventresca entfernt werden.

Die Ventresca in Stücke von 10 cm Länge, 3 cm Höhe und 3 cm Breite portionieren.

Läuterzucker

Beide Zutaten vermischen und zum Kochen bringen.

Tomatenmarmelade

In das Tomatenfleisch mit zwei Schnitten kreuzförmig einschneiden.

Den Tomatenstiel mit einem Küchenmesser herausschneiden.

Tomaten in kochendes Wasser legen, bis die Haut anfängt sich abzulösen.

Mithilfe einer Schöpfkelle herausnehmen und in reichlich Eiswasser abkühlen.

Schälen und das Fleisch der Tomaten in Würfel von 0,5 cm schneiden.

Die Würfel in den Läuterzucker geben und zum Kochen bringen.

Die Marmelade abkühlen lassen.

Ingwerluft

Die Ingwerwurzeln ausdrücken.

Soja-Lecithin und Wasser in einem hohen Gefäß mit 25 cm Durchmesser mit einem Rührstab vermischen.

Auf 50 °C erwärmen und der Mischung mit dem Rührstab Luft unterziehen, so dass die Oberfläche emulgiert und sie die Textur eines luftigen Schaumes annimmt.

Püree aus grünen Pistazien

Grüne Pistazien und Wasser in einen Mixer geben.

Pürieren, bis eine feine Creme entstanden ist.

Die gewünschte Menge Salz hinzufügen.

Fertigstellung und Präsentation

Tomatenmarmelade und grüne Pistazien vermischen.

Die Ventrescastückchen salzen und jede Seite mit einigen Tropfen Olivenöl beträufeln. Jedes Stück in drei Portionen schneiden.

Den Thunfisch auf dem Teller auf den Spuren aus Pistaziencreme anrichten, die zuvor mit einem Pinsel darauf gemalt wurden.

Die Thunfischportionen mit der Tomatenmarmelade und den grünen Pistazien bedecken und zum Schluss mit Ingwerluft aromatisieren.

Hinweise

Die Ventresca mindestens 2 Stunden vor dem Gebrauch aus dem Kühlschrank nehmen.

Genau auf die richtige Garzeit beim Thunfisch achten.

Das Püree aus grünen Pistazien bis zum Gebrauch gekühlt in einem Dressing-Shaker aufbewahren.

Pulpitos mit Cannelloni aus Knoblauchkartoffeln und Petersilie

Zutaten

Pulpitos

12 kleine Oktopusse

Cannelloni aus Kartoffeln und Zwiebeln

200 g galizische Kartoffeln

250 g rote Zwiebeln

100 g Bacon

Öl aus Knoblauch und Petersilie

6 geschälte Knoblauchzehen

50 g Petersilie

100 ml Olivenöl 0,4

2 g feines Salz

Zubereitung

Pulpitos

1 Die kleinen Oktopusse säubern und zwischen Küchenpapier in einem zugedeckten Gefäß im Kühlschrank aufbewahren.

Cannelloni aus Kartoffeln und Zwiebeln

1 Zwiebeln schälen und in feine Stücke schneiden.

2 Den Bacon in Würfel von 0,5 cm Kantenlänge schneiden und anbraten, bis diese eine leicht goldbraune Farbe angenommen haben.

3 Kartoffeln schälen, in Rechtecke von 8 x 2 cm vierteln, dann in Streifen schneiden.

4 Die Kartoffelstreifen kurz in Salzwasser kochen und diesen, nachdem sie in Eiswasser abgekühlt wurden, so viel Feuchtigkeit wie möglich entziehen.

5 6 Kartoffelstreifen auf einer trockenen Fläche übereinanderlegen und darauf einen Löffel geschmorte rote Zwiebeln mit Bacon platzieren.

6 Zusammenrollen, sodass Cannelloni aus Kartoffeln und Zwiebeln entstehen.

Öl aus Knoblauch und Petersilie

1 Knoblauch in kaltes Wasser legen und zum Kochen bringen.

2 Diesen Vorgang 4 Mal wiederholen, um dem Knoblauch seine Schärfe zu nehmen.

3 Die Blätter der Petersilie abzupfen, kurz in kochendem Wasser erhitzen, abschrecken und gut abtropfen lassen.

4 Knoblauch und Petersilie mit dem Öl in einem Mixer emulgieren.

5 Pürieren, bis ein recht feines Püree daraus geworden ist und mit Salz abschmecken.

Fertigstellung und Präsentation

Die Cannelloni bei 180 °C 8 Minuten lang im Ofen backen.

Die Pulpitos in einer beschichteten Pfanne anbraten und mit Salz abschmecken.

Beide auf einem Teller anrichten und mit dem Öl aus Knoblauch und Petersilie würzen.

Kabeljau „gustos básicos“ mit Olivenölsuppe

Zutaten

Kabeljau

400 g Kabeljaufilets

Kabeljauwasser

250 g Kabeljauhaut

500 ml Wasser

Olivenölsuppe

80 ml Kabeljauwasser (zuvor zubereitet)

40 ml Olivenöl (der Sorte Arbequina)

2 g Tapiokapulver

Dekonstruierte Soße

100 g *Granny Smith*-Äpfel

1 Zitronenschale

1 Orangenschale

4 frische Minzblätter

4 frische Basilikumblätter

4 Kerbelblätter

4 Fenchelspitzen

4 Safranfäden

1 Bund Rosmarin

10 g Ingwerwurzeln

4 frische Mandeln

1 Laib Brot

10 g Demerara-Zucker

1 Grapefruit

3 g Wacholder

Zubereitung

Kabeljaufilets

1 Den Kabeljau in Portionen von 60 g einteilen.

Kabeljauwasser

1 Die Kabeljauhaut 20 Minuten lang in Wasser kochen.
2 Durch ein Sieb mit Metallmaschen, in dem ein Mulltuch liegt, passieren.
3 Schnell abkühlen lassen, wenn sie nicht gleich verwendet wird.

Olivenölsuppe

1 Auf dem Herd das Tapioka im Kabeljauwasser auflösen, dabei ununterbrochen rühren.
2 Neben der Kochstelle mit dem Öl emulgieren, bis dieses die Konsistenz einer leichten Creme hat.
3 Mit Salz abschmecken.

Dekonstruierte Sauce

1 Den Ingwer schälen und in Würfel von 2 mm Größe schneiden. Mit feuchtem Papier bedeckt im Kühlschrank aufbewahren.
2 Die Äpfel schälen und in Würfel von 5 mm Größe schneiden. In Wasser und Petersilie legen, um zu vermeiden, dass sie oxidieren.
3 Die Grapefruit schälen und die Tropfen mithilfe eines Küchenmessers herausschneiden.
4 Die Schale der Zitrone und der Orange abraspeln und aufpassen, dass keine Reste der weißen Schale dabei sind. Mit feuchtem Papier bedeckt im Kühlschrank aufbewahren.
5 Den Brotlaib mit den Händen in Stücke von 2 cm Größe zerkrümeln.
6 Die Wacholderbeeren klein hacken, in feuchtes Papier einwickeln und im Kühlschrank aufbewahren.

Fertigstellung und Präsentation

Die Kabeljaustücke in die Olivenölsuppe geben und bei 65 °C schmoren.

Den Kabeljau in der Mitte des Tellers anrichten und rundherum sämtliche Gewürze platzieren.

Den Kabeljau mit der Suppe aus Olivenöl virgen würzen.

Warme Kaisergranate mit Endivien an Knoblauch

Zutaten

Kaisergranate

4 frische Kaisergranate

Film aus Knoblauch und Peperoni

200 ml Kochwasser der Kaisergranate (zuvor zubereitet)

20 ml geschälter Knoblauch

1 halbe Peperoni

1 g Agar-Agar

½ Blatt Gelatine

50 ml Weißwein

Salat

1 Endivie

12 rote *Sisho*blätter

12 Kerbelblätter

Zubereitung

Kaisergranate

1. Die Köpfe der Kaisergranate abtrennen.
2. Die Köpfe in einer Pfanne braten, bis deren Inneres warm geworden ist.
3. Ausdrücken, um den ganzen Saft auszupressen.
4. Die geschälten Schwänze im Kühlschrank aufbewahren.

Film aus Knoblauch und Peperoni

1. Den Knoblauch in Scheiben schneiden und in langsam erhitztem Olivenöl frittieren.
2. Den frittierten Knoblauch herausnehmen und auf Küchenpapier abtropfen lassen. Das Olivenöl für andere Zubereitungen aufbewahren.
3. Einen Teil der frittierten Knoblauchscheiben und die Peperoni 5 Minuten lang im Kochwasser der Kaisergranate ziehen lassen. Durch ein feines Sieb passieren.
4. Agar-Agar zufügen und 30 Sekunden kochen. Neben der Kochstelle das zuvor in kaltem Wasser eingeweichte Blatt Gelatine und einige Tropfen Weißwein zum Aromatisieren dazugeben.
5. In runde Förmchen von 8 cm Durchmesser auf eine Höhe von 2 mm verteilen und im Kühlschrank abkühlen lassen.

Salat

1. Die Endivie in sehr kaltem Wasser waschen und die zartesten Blätter auswählen.
2. Bis zum weiteren Gebrauch in einem zugedeckten Gefäß zwischen feuchtem Küchenpapier im Kühlschrank aufbewahren.

Fertigstellung und Präsentation

Die Kaisergranatschwänze in einer beschichteten Pfanne anbraten und in Scheibchen von 1 cm Dicke schneiden.

Die Kaisergranatscheibchen so auf dem Teller anrichten, dass sie einen 8 cm großen Kreis bilden, und mit dem Saft aus den Köpfen würzen.

Darauf den kreisförmigen Film aus Knoblauch und Peperoni legen.

Einige Sekunden lang im Salamander erhitzen.

Zum Schluss den Endiviensalat, die frittierten Knoblauchscheiben, Kerbel und rotes *Sisho* darauf verteilen.

Zutaten

Venusmuscheln

8 Venusmuscheln

$\frac{1}{2}$ Blatt Gelatine

100 ml Venusmuschelwasser

Kartoffeln „a la importancia“

200 g galizische Kartoffeln

100 g Zwiebeln

300 ml Fisch-*Fumet*

50 ml Weißwein

10 g frischer Knoblauch

20 g frische Mandeln

10 g Petersilie

Außerdem

12 Safranfäden

Zubereitung

Venusmuscheln

1. Die Venusmuscheln für einige Augenblicke in kochendes Wasser tauchen.
2. Dann mithilfe eines Küchenmessers aus der Schale lösen und das Weichtier herausnehmen, indem der Fuß mit dem Küchenmesser durchtrennt wird. Das Wasser aufbewahren.
3. Die Venusmuscheln auf einem Gitter im Kühlschrank aufbewahren.
4. Die Gelatine in kaltem Wasser einweichen und bei einer Temperatur von 40 °C in dem Venusmuschelwasser auflösen.
5. Die Venusmuscheln in der Gelatine baden, abkühlen lassen und diesen Vorgang noch zweimal wiederholen, während sie die ganze Zeit kühl gehalten werden.

Kartoffeln „a la importancia“

1. Knoblauch und sehr fein gehackte Zwiebeln langsam anbraten, bis diese glasig werden. Rohe Mandeln hinzugeben und wieder herausnehmen, wenn diese goldbraun sind.
2. Die Kartoffeln schälen, mithilfe eines Eisportionierers Portionen daraus herstellen, zu der zuvor zubereiteten Mischung dazugeben und aufkochen.
3. Mit Weißwein ablöschen und auf ein Drittel seiner Menge reduzieren.
4. Die Muschelbrühe hinzufügen und die Kartoffeln bei niedriger Hitze kochen.
5. Der zubereiteten Speise die selbstgemachte Mischung aus den goldbraunen Mandeln, dem geschmorten Knoblauch und der Petersilie zufügen.
6. Warm halten.

Fertigstellung und Präsentation

Die Kartoffeln warm und mit Petersilie bestreut servieren.

Die Venusmuscheln auf den Kartoffeln anrichten und das Gericht zum Schluss mit einigen Safranfäden schmücken.

Makrelen mit Pilzen und Artischocken *en papillote* an Thymian und Zitrone

Zutaten

Makrelen
2 frische Makrelen

Papillote
100 g kleine Steinpilze
40 ml Geflügelfond
1/4 Artischocke
Zitronenschale
20 g frischer Knoblauch
20 ml Haselnussöl
4 Thymianzweige

Außerdem
8 Kerbelblätter

Zubereitung

Makrelen

1 Die Makrelenfilets mit einem sehr feinen Messer auslösen, ohne dabei die Innereien zu verletzen.
2 Die innere Membran, die an der Haut der Fischfilets befestigt ist, mit einer Pinzette herausziehen.

Papillote

1 Die Zitrone so schälen, dass keine weißen Stücke an der Schale verbleiben.
2 Die Knoblauchzehen mit der Schale zerstampfen.
3 Den Artischockenboden freilegen und in 8 Viertel schneiden.
4 Die kleinen Steinpilze mit einem feuchten Tuch säubern und vertikal in Streifen von 0,5 cm schneiden.
5 Das Papier für die Papilloten über zwei runde Gefäße legen, um deren Befüllen zu erleichtern.
6 In jedes Papier 1 gesalzenes Makrelenfilet, 2 Steinpilzstreifen, 2 Viertel Artischocke, 1 Thymianzweig, 5 g Haselnussöl, 10 g Geflügelfond, 2 Bänder Zitronenschale und Knoblauch geben.
7 Die Papilloten mit einem feinen Bindfaden verschließen.

Fertigstellung und Präsentation

Die Makrelenpapilloten in eine Sauté-Pfanne legen und langsam erwärmen, bis diese schließlich 3 Minuten kochen. Dann 1 Minute lang ruhen lassen.

Die Papilloten mit einer Schere öffnen.

Die Makrelen zusammen mit ihren Beilagen auf einem rechteckigen Teller servieren.

Den darin enthaltenen Saft durchseihen und mit einem Schneebesen emulgieren.

Zum Schluss die Makrelenfilets damit würzen.

Cannelloni aus Kürbis und Pute mit Lachs

Cannelloni aus Kürbis und Pute mit Lachs

Zutaten

Gekochte Pute

400 g Putenbrust
200 ml Olivenöl
2 g Zucker
5 g Orangenschale
2 g frischer Thymian
2 g frischer Rosmarin
½ Lorbeerblatt
10 g Salz

Kürbispüree

200 g Kürbis
3 kg Butter
20 ml frisch gepresster Orangensaft

Marinierter Lachs

200 g Lachs
10 g Salz
5 g Zucker

Schwarzwurzelcreme

100 g Schwarzwurzeln
25 ml Kochwasser der Schwarzwurzeln
50 ml Sahne
10 ml Olivenöl virgen
5 g Salz

Fenchelsauce

¼ frische Fenchelknolle
2 g Salz
3 g Xanthan E-415

Außerdem

60 g Pfifferlinge
1 g Salz
12 Kerbelblätter
12 rote *Sisho*blätter

Zubereitung

Gekochte Pute

1. Die Putenbrust salzen und mit den übrigen Zutaten bei einer Temperatur von 70 °C schmoren.
2. Herausnehmen, trocknen, in 12 Streifen von 6 cm x 3 cm Breite schneiden und zur Seite stellen.

Kürbispüree

1. Den Kürbis ungeschält in 8 große Stücke zerteilen, die Kerne herausnehmen und den Kürbis in Alufolie einwickeln.
2. Den Ofen auf 150 °C vorheizen und den Kürbis 1 Stunde lang braten.
3. Die Kürbisschale entfernen und das Fleisch in einen Mixer geben.
4. Bei maximaler Kraft pürieren, und nach und nach den frischen Orangensaft und die Butter zufügen, bis ein homogenes Püree daraus geworden ist.
5. Durch ein Sieb mit Metallmaschen passieren, abkühlen lassen und in einen Einwegspritzbeutel füllen.

Cannelloni aus Kürbis und Pute

1. Die geschmorten Putenstreifen auf einer glatten Fläche ausbreiten.
2. Das Kürbispüree auf die Putenstreifen verteilen und genau wie Cannelloni zusammenrollen.
3. In einem Gefäß mit Deckel im Kühlschrank aufbewahren.

Marinierter Lachs

1. Den Lachs säubern, dabei die Gräten und die Haut der Filets entfernen.
2. Zucker und Salz vermengen und den Lachs in der Mischung wälzen.
3. In ein Mulltuch einwickeln und für 24 Stunden in den Kühlschrank stellen. Nach 12 Stunden wenden.
4. In Würfel von 2 cm x 2 cm Größe schneiden und wieder in den Kühlschrank stellen.

Schwarzwurzelcreme

1. Die Schwarzwurzeln in reichlich kaltem Wasser waschen, die schwarze Schale mithilfe eines Schälmessers entfernen und in Stücke schneiden.
2. Die Wurzeln in einen Topf mit kaltem Wasser legen und zum Kochen bringen. Die Kochzeit beträgt 35 Minuten.
3. Das Öl mit der Sahne mischen und bei niedriger Hitze erwärmen.
4. Die gekochten Schwarzwurzeln und ein wenig von deren Kochwasser zufügen und salzen.
5. In einem Mixer pürieren, bis eine gleichmäßige Creme entstanden ist.
6. Die Creme durch ein Sieb mit Metallmaschen passieren und in einem Wasserbad warm halten.
7. Fenchelsauce: Den Fenchel in einem Topf mit kochendem Wasser kurz aufkochen.
8. In Eiswasser mit Salz abkühlen lassen.
9. Durch einen Entsafter pressen, um das Fenchelwasser zu erhalten.
10. Mithilfe eines Rührstabes mit dem Xanthan vermischen (im Verhältnis 1 g / l Fenchelwasser).

Fertigstellung und Präsentation

Auf einem Teller 3 Würfel des marinierten Lachses zusammen mit den Cannelloni aus Kürbis und Pute anrichten.

Die zuvor angebratenen Pilze dazugeben sowie die Kerbel- und roten *Sisho*blätter.

Die Schwarzwurzelcreme in einer extra Karaffe servieren.

Pulpo „galizische Art“ mit Piquillo-Alioli

Zutaten

Pulpo
300 g Oktopusarme
3 Lorbeerblätter
100 ml Olivenöl virgen extra

Piquillo-Alioli
1 kg frischer Knoblauch
1 Glas Pimientos del Piquillo
20 ml Piquillo-Saft
100 ml Olivenöl virgen extra

Kartoffelpüree
200 g galizische Kartoffeln
10 ml Sahne
40 ml Olivenöl virgen extra

Außerdem
Pfeffer
Olivenöl virgen extra
Maldon Salz

Zubereitung

Pulpo

1. Die Oktopusarme in kaltem Wasser waschen, bis diese sauber sind.
2. Den Pulpo zusammen mit dem Lorbeer in einen Vakuumbeutel geben.
3. 2,5 Stunden lang bei 95 °C kochen und in Eiswasser abkühlen.
4. Den Pulpo aus dem Vakuumbeutel nehmen und in Medaillons von 1 cm Größe schneiden.
5. Mit Olivenöl virgen extra bedeckt in den Kühlschrank stellen.

Piquillo-Alioli

1. Zunächst in kaltem Wasser einlegen und dann blanchieren.
2. Knoblauch und Pimientos del Piquillo mit ihrem Saft in einen Mixer geben und pürieren.
3. Mit Olivenöl emulgieren und mit Salz abschmecken.
4. Durch ein Sieb mit Metallmaschen passieren.
5. Bis zum Gebrauch im Kühlschrank aufbewahren.

Kartoffelpüree

1. Die Kartoffeln schälen, in einen Topf mit kaltem Wasser legen und zum Kochen bringen.
2. Kartoffeln, Olivenöl und Sahne in einen Rührbecher geben und mit dem Stabmixer pürieren.
3. Durch ein Sieb mit Metallmaschen passieren.
4. Mit Salz abschmecken und warm halten.

Fertigstellung und Präsentation

Den Pulpo in Olivenöl erhitzen.
Aus beiden Pürees abwechselnd kleine Tupfen auf den Teller zeichnen.
Den Pulpo parallel dazu anrichten.
Zum Schluss Pfeffer, Maldon Salz und Olivenöl virgen extra darüber geben.

Pulpo „galizische Art“ mit Piquillo-Alioli

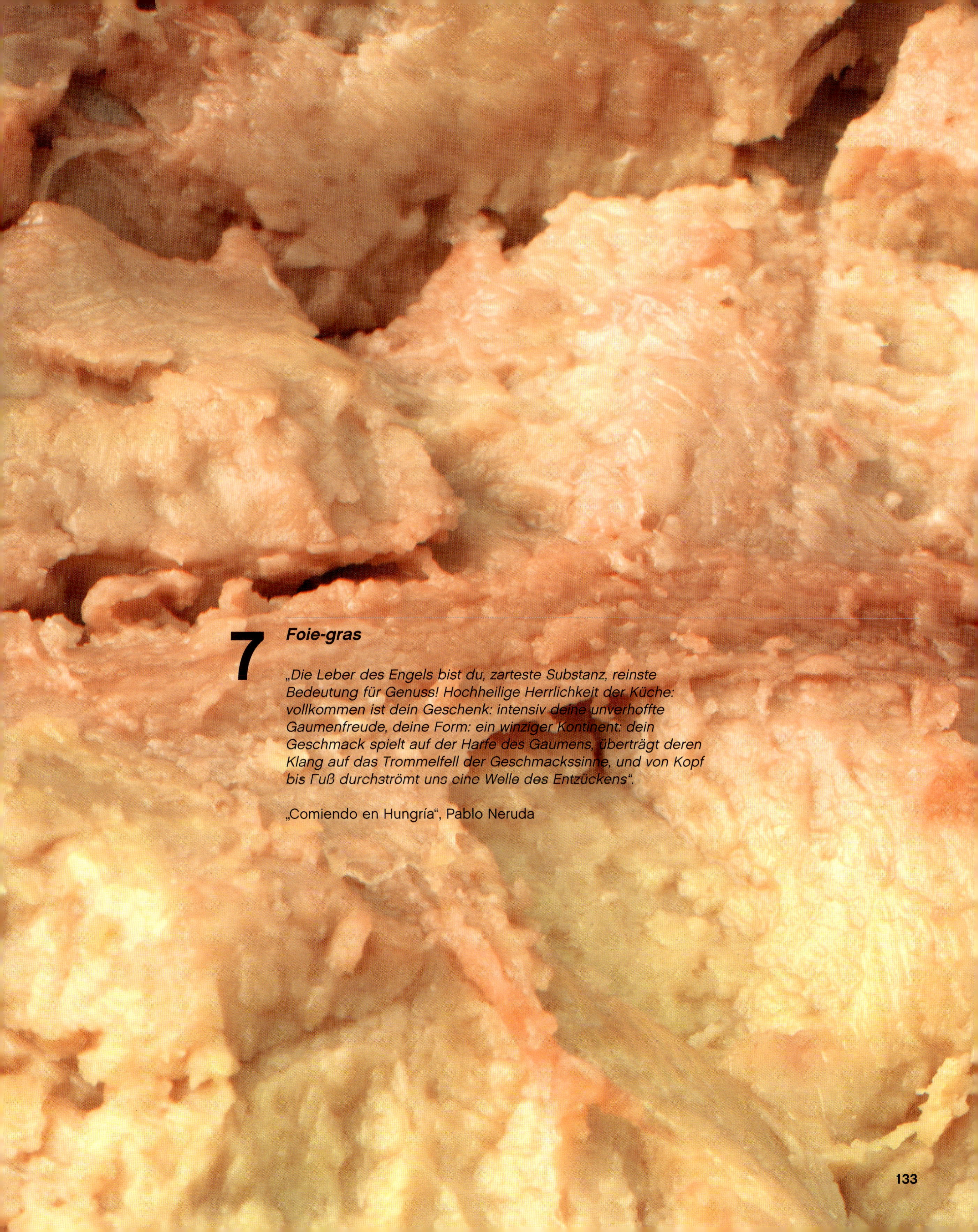

7 *Foie-gras*

„Die Leber des Engels bist du, zarteste Substanz, reinste Bedeutung für Genuss! Hochheilige Herrlichkeit der Küche: vollkommen ist dein Geschenk: intensiv deine unverhoffte Gaumenfreude, deine Form: ein winziger Kontinent: dein Geschmack spielt auf der Harfe des Gaumens, überträgt deren Klang auf das Trommelfell der Geschmackssinne, und von Kopf bis Fuß durchströmt uns eine Welle des Entzückens“.

„Comiendo en Hungría“, Pablo Neruda

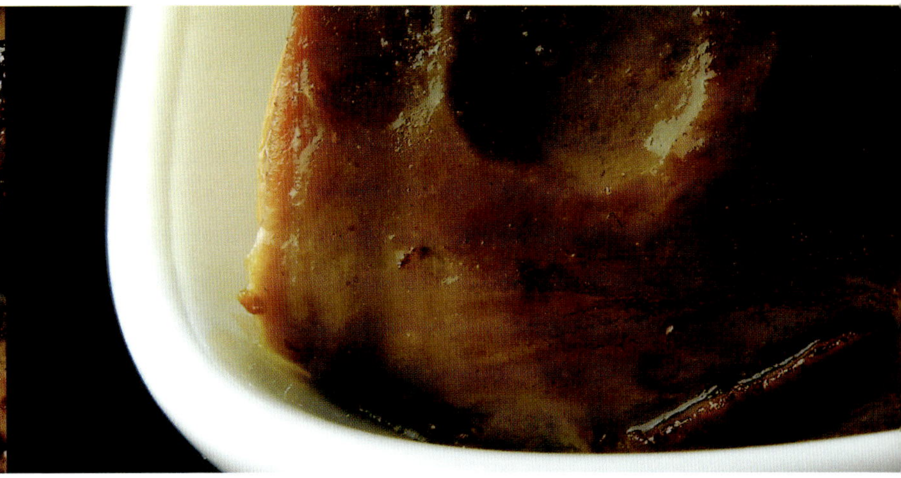

In diesem Kapitel

Empfohlenes Gericht	Technik / Konzept	Temperatur	Schwierigkeit	Empfohlenes Getränk
Cremiges aus *Foie* mit Mangostane, Rucola und PX	Cremige / Kalte Gelatine	Kalt	★☆☆☆☆	Tokaj Aszú 4 puttonyos
Royal de *Foie-gras* mit Linsen-Estofado	Warme Gelatine	Warm	★☆☆☆☆	AOC Sauternes
Warme Entenleber mit Apfel-Ingwer-Eis	Warme *Foie-gras* / Eis	Warm	★☆☆☆☆	Moscatel de Setúbal
Entenleber-Terrine mit Empanadillas aus Mango und Heidelbeer-Vinaigrette	Entenleber-Terrine / Frucht-Empanadillas	Kalt	★☆☆☆☆	Tokaj Aszú Eszenzia

Cremiges aus *Foie* mit Mangostane, Rucola und PX

Zutaten

Eingelegte Entenleber
150 g Entenleber
10 ml Brandy
10 ml Jerez
10 ml Portwein
1 g schwarzer gemahlener Pfeffer
2 g Salz

Cremiges aus *Foie-gras*
150 g eingelegte Entenleber (zuvor zubereitet)
½ griechisches Joghurt

PX-Gelatine
40 ml Pedro Ximénez
¼ Gelatineblatt

Außerdem
150 g Mangostane
8 Rucolablätter

Zubereitung

Eingelegte Entenleber

1 Die Entenleber aus dem Kühlschrank nehmen und 1 Stunde lang auf Zimmertemperatur temperieren lassen.
2 Die zwei Läppchen mit einem Küchenmesser trennen und die größte Anzahl der Venen herausziehen. Dabei aufpassen, dass diese so wenig wie möglich kaputt gehen. Mit Salz und Pfeffer würzen.
3 12 Stunden lang in eine Stahlschüssel mit den Spirituosen einlegen.
4 Umdrehen und nochmals 12 Stunden einweichen.

Cremiges aus *Foie-gras*

1 Die Entenleber in einer beschichteten Pfanne vorsichtig erwärmen.
2 Wenden und so lange in der Pfanne lassen, bis das Innere der Leber eine Temperatur von 45 °C angenommen hat.
3 Bis auf 18 °C abkühlen lassen.
4 Das Joghurt zufügen und kräftig schlagen, bis eine homogene Creme daraus geworden ist.
5 Durch ein Sieb mit Metallmaschen passieren und wiederum homogenisieren.
6 Auf jedes Glas 3 Löffel voll „Cremiges aus *Foie*“ verteilen und bis zum Moment der Fertigstellung in den Kühlschrank stellen.

PX-Gelatine

1 Das Gelatineblatt in kaltem Wasser einweichen.
2 ¼ des PX dazugeben.
3 Auf 45 °C erwärmen, bis die Gelatine sich auflöst. Neben der Kochstelle den restlichen PX dazugießen.
4 Mit Hilfe eines Dressing-Shakers 0,5 cm der Gelatine in jedes Glas mit der cremigen *Foie-gras* füllen.
5 Die Gläser im Kühlschrank aufbewahren, damit die Gelatine fest wird.

Außerdem

1 Den oberen Teil der Mangostane mit einem feinen und scharfen Messer abtrennen.
2 Die Schale entfernen und das Fruchtfleisch herausnehmen.
3 Rucola aus dem Küchenpapier nehmen, klein schneiden und mit der Mangostane mischen.

Fertigstellung und Präsentation

Die Beilagen auf jedes Glas verteilen, sodass der Inhalt so voluminös wie möglich wirkt.

Wir können auch noch eine Nuss dazulegen, um die cremige Textur um eine knusprige zu ergänzen.

Rucola
Mangostane
PX-Gelatine
Cremiges aus *Foie-gras*

Zutaten

Linsen-Estofado

125 g gekochte Linsen

100 g Steinpilze

30 g Zwiebeln

25 g reifere Tomaten

1 geschälter Knoblauch

100 ml Fleischfond

50 ml Steinpilz-Jus

Royal

10 g feines Salz

0,1 g Agar-Agar

160 ml Wasser

155 g Entenleber

160 g Fleisch-Consommé

Zubereitung

Linsen

1 Zwiebeln, Knoblauch und Tomaten in *Brunoise* hacken.

2 Die Steinpilze in Würfel von 0,5 cm Kantenlänge schneiden.

3 Knoblauch und Zwiebeln kurz anbraten, bis diese durchsichtig werden.

4 Die Tomaten zufügen und 10 Minuten lang kochen.

5 Die Steinpilze in einer Pfanne schwenken, bis diese Farbe bekommen und ebenfalls dazugeben.

6 Steinpilz-Jus und Fleischfond dazugießen.

7 Die zuvor gekochten Linsen hinzufügen und 20 Minuten lang kochen lassen.

8 Mit Salz abschmecken.

Royal

1 Die Fleisch-Consommé mit dem Wasser mischen und zum Kochen bringen.

2 Agar-Agar dazugeben und 1 Minute kochen lassen.

3 Die Mischung mit der Entenleber in einem Mixer verrühren.

4 Durch ein Sieb mit Metallmaschen passieren und mit Salz und Pfeffer würzen.

5 Die Mischung in eine Consommé-Tasse füllen, sodass diese zu $^{1}/_{3}$ voll ist.

6 Im Kühlschrank abkühlen lassen, bis diese fest ist.

Fertigstellung und Präsentation

Die Tasse mit dem Royal de *Foie-gras* erwärmen.

Mit den gut warmen Linsen vervollständigen.

Das Hauptfoto ist eine Variante mit gebratener *Foie-gras* und den Linsen als Salat.

Warme Entenleber mit Apfel-Ingwer-Eis

Zutaten

Entenleber
50 g grobes Salz
500 g Entenleber
1 l Wasser
500 g *Crushed Ice*

Ingwerwasser
200 g Ingwer

Apfel-Ingwer-Eis
500 ml frisch gepresster Apfelsaft
100 ml Ingwerwasser (zuvor zubereitet)
10 g Dextrose für Sorbets
130 g Glukose
80 g Zucker
2 Gelatineblätter

Knusprige und gewürfelte Äpfel
100 g *Granny Smith*-Äpfel
20 ml Wasser
20 g Zucker

Reduzierter Cabernet Sauvignon-Essig
200 ml Cabernet-Essig

Außerdem
Maldon Salz
Schwarze Pfefferkörner

Zubereitung

Entenleber

1. Die Läppchen der Leber trennen und 12 Stunden lang in Eiswasser mit Salz einlegen, damit diese ausbluten.
2. Aus dem Wasser nehmen und in Küchenpapier eingewickelt im Kühlschrank aufbewahren.

Ingwerwasser

1. Die Ingwerwurzel auspressen und das so gewonnene Wasser im Kühlschrank aufbewahren.

Apfel-Ingwer-Eis

1. Einen Teil des Apfelsaftes mit Dextrose, Glukose und Zucker mischen und bei niedriger Hitze erwärmen, bis diese sich vollständig aufgelöst haben.
2. Die Gelatineblätter zu der Mischung dazugeben und sofort den restlichen Apfelsaft und das Ingwerwasser dazugießen.
3. Diese Kombination mindestens 24 Stunden lang im Kühlschrank ruhen lassen.
4. In eine Eismaschine geben und bei einer Temperatur von -20 °C gefrieren.

Knusprige und gewürfelte Äpfel

1. Den Zucker in Wasser auflösen und kochen, bis ein Sirup daraus geworden ist.
2. Den Apfel in ganz feine Scheiben schneiden, in den Sirup tauchen und abtropfen lassen.
3. Die Scheiben 6 Stunden lang in einen Hordentrockner geben, damit diese knusprig werden.
4. Die übrigen Apfelstücke in kleine Würfel von 5 mm x 5 mm Kantenlänge schneiden.

Reduzierter Cabernet Sauvignon-Essig

1. Den Essig reduzieren, bis dieser die Dichte von flüssigem Karamell hat.
2. In einen Dressing-Shaker füllen und bei Zimmertemperatur aufbewahren.

Fertigstellung und Präsentation

Die Leber in Portionen zerteilen und in einer beschichteten Pfanne auf beiden Seiten goldbraun braten.

Bei einer Temperatur von 135 °C in den Ofen schieben und darin lassen, bis diese innen 45 °C erreicht hat.

In die Mitte des Tellers die Apfelwürfel legen und auf diesen eine Portion Apfel-Ingwer-Eis platzieren, gekrönt mit dem knusprigen Apfel. Das Gericht mit der Entenleber, die mit frisch gemahlenem Pfeffer und Maldon Salz gewürzt wird, vervollständigen.

Zum Schluss mit dem reduzierten Cabernet Sauvignon-Essig einen Strich zeichnen.

Entenleber-Terrine
mit Empanadillas aus Mango und Heidelbeer-Vinaigrette

Zutaten

Eingelegte Entenleber
360 g Entenleber
25 ml Brandy
50 ml Jerez
75 ml Portwein
10 g gemahlener weißer Pfeffer
1 g Puderzucker
2 g Salz

Empanadillas aus Mango
250 g Mango
4 Litchis in Sirup
100 g *Granny Smith-Äpfel*
Die Schale einer Zitrone

Eukalyptus-Öl
100 ml Olivenöl
25 g Eukalyptusblätter

Heidelbeer-Vinaigrette
100 g Heidelbeerpüree
25 ml Eukalyptusöl (zuvor zubereitet)

Außerdem
4 frische Minzblätter
4 Hände voll frischer Estragon
4 Stangen Fenchelgrün
Zucker

Zubereitung

Eingelegte Entenleber

1. Die Entenleber aus dem Kühlschrank nehmen und auf 35 °C temperieren lassen, um die Säuberung zu erleichtern.
2. Die zwei Läppchen mit einem Küchenmesser trennen und so viele Venen wie möglich herausziehen, ohne dass sie kaputt gehen.
3. Auf einem Tablett einen Teil des Salzes, des Pfeffers und des Puderzuckers verteilen. Darauf die sauberen Läppchen legen und nochmals würzen.
4. 12 Stunden lang in den Spirituosen einlegen.

Terrine

1. Die Entenleber in einer Pfanne erhitzen, bis diese eine Innentemperatur von 45 °C erreicht hat.
2. Vom Herd nehmen und in eine Terrineform geben.
3. 12 Stunden lang im Kühlschrank kühlen, aus der Form nehmen und portionieren.

Empanadillas aus Mango

1. Die Mango schälen, in Streifen von etwa 1 mm Dicke schneiden und danach mithilfe eines Ausstechers Kreise von 6 cm ausstechen.
2. Den Apfel schälen und in Würfel schneiden.
3. Das Fruchtfleisch der Litchis herausnehmen und in Würfel schneiden.
4. Die Zitronenschale in feine Juliennes hacken.
5. Die Mangokreise auf Küchenpapier ausbreiten. Früchte und Zitronenschale in die Mitte legen und diese übereinander falten.

Eukalyptusöl

1. Das Öl zusammen mit den Eukalyptusblättern auf 65 °C erhitzen und 30 Minuten bei dieser Temperatur kochen.
2. Durch ein Sieb mit Metallmaschen passieren und bis zum Gebrauch stehen lassen.

Heidelbeer-Vinaigrette

1. Das Eukalyptusöl mit dem Heidelbeerpüree vermischen.

Fertigstellung und Präsentation

Die Entenleber-Terrine mit dem Zucker karamellisieren.

Die Leber in der Mitte des Tellers platzieren und mit einigen Maldon Salzkristallen würzen. An der Seite die Empanadillas aus Mango mit den Kräutern darauf anrichten.

Zum Schluss die Heidelbeer-Vinaigrette rund um die Empanadillas träufeln.

8

Fleisch und Geflügel

Geflügel, Ibérico-Schwein, Lamm, Rind, eine Welt mit besonderer Bedeutung für jede Küche, die sich in diesem Buch in Form von Cannelloni, Rouladen, Schmorgerichten, Gefülltem und Gebratenem widerspiegelt ... zusammen mit Techniken (wie dem Kochen bei Niedrigtemperatur, dem Aufziehen auf Spießchen, dem Einwickeln in Gekröse, traditionell Geschmortem), sich immer mal hier mal da bedienend, um das beste Resultat zu erzielen.

„... Es wurden Lämmer, Puten, Hühner, Kaninchen geschlachtet. Das Ragout und die Hochzeitssuppe waren unentbehrlich, um den Körper am ersten Tag zu wärmen: Es folgten die Hühnchen en pepitoria und die gefüllten Puten, und der letzte Tag der Hochzeitsfeierlichkeiten wurde mit großen Dampfkesseln oder Pfannen, in welchen Lammfleisch geschmort wurde, beendet ...“

„El Quijote“ *(Las bodas de Camacho)*

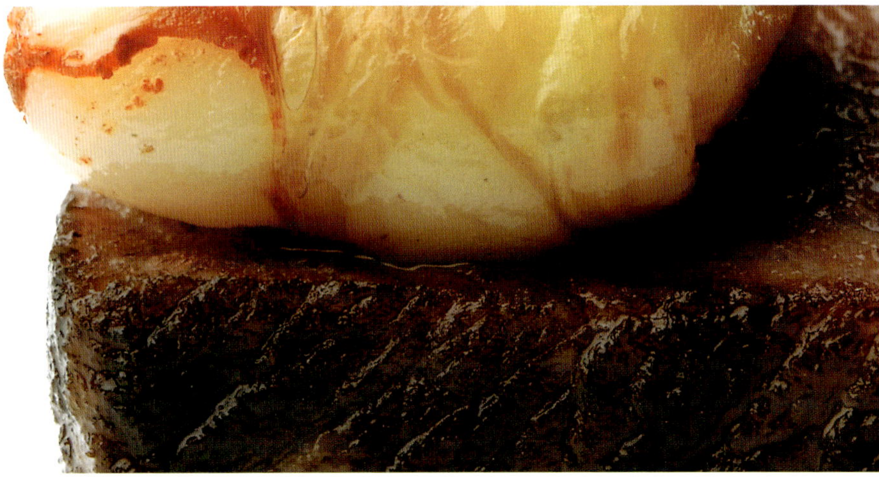

 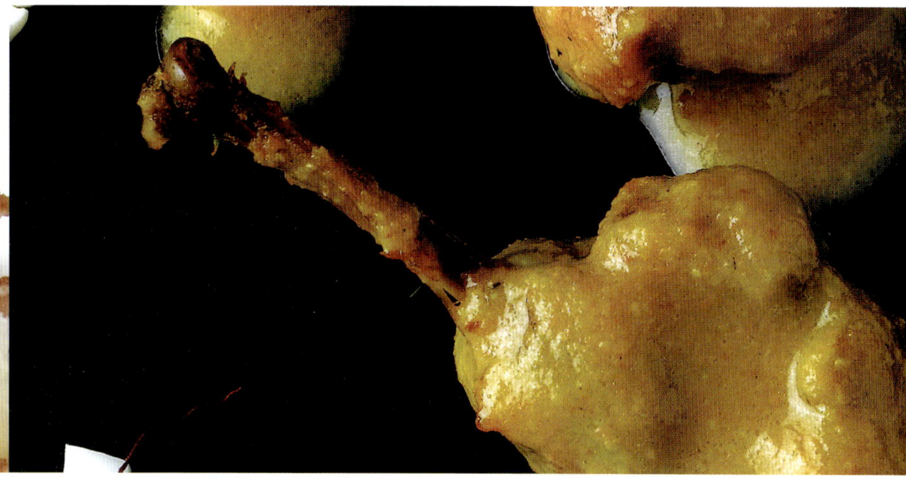

In diesem Kapitel

Empfohlenes Gericht	Technik / Konzept	Temperatur	Schwierigkeit	Empfohlenes Getränk
Presa vom Ibérico-Schwein mit Kartoffelravioli an Schinkenaroma	Ravioli aus Speck	Warm	★★☆☆☆	Rotwein Crianza D. O. Ca. Rioja
Tournedó aus Schweinefüßchen mit Linsen	Ein Klassiker modern gemacht	Warm	★★☆☆☆	Junger Rotwein Monastrell D. O. Jumilla
Kaninchenrippchen und schwarze Trüffel auf Coca mit Auberginen	Bocadillo auf dem Teller	Lauwarm	★☆☆☆☆	Weißwein Chardonnay im Barrique ausgebaut AOC Bourgogne
Carpaccio aus Secreto vom Ibérico-Schwein mit Parmesan und Módena-Essig	*Carpaccio* / Reduktionen	Kalt	★☆☆☆☆	Syrah D. O. Manchuela
Wachtelschenkelchen und Carabineros *en pepitoria*	Land und Meer	Warm	★★☆☆☆	Weißwein Riesling Seco Pfalz
Zarte Kuttelterrine mit Kichererbsenpüree	Terrinen	Warm	★☆☆☆☆	Rotwein Garnacha D. O. Montsant
Bratspieße aus Hühnchen-Teriyaki mit elektrischer Zuckerwatte	Zuckerwatte / Glasiertes	Zimmerwarm	★★☆☆☆	Rotwein mit Maceración Carbónica Gamay Beaujolais
Täubchen mit Pfirsichen	Geschmortes	Warm	★☆☆☆☆	Rotwein Nebbiolo DOGT Barolo
Kalbshaxen mit Äpfeln *en papillote*	Kochen bei niedriger Hitze / Papilloten	Warm	★★☆☆☆	Rotwein AOC Margaux
Entenbrüstchen in leichter Escabeche aus Rotwein	Escabeche	Warm	★★☆☆☆	Weißwein Chardonnay AOC Puligny-Montrachet
Lammkoteletts *en crepinette* mit Tomate und Mozzarella		Warm	★★★☆☆	Rotwein Monastrell Crianza D. O. Jumilla

Presa vom Ibérico-Schwein mit Kartoffelravioli an Schinkenaroma

Zutaten

Presa vom Ibérico-Schwein
250 g Presa vom Ibérico-Schwein

Scheiben von iberischer Panceta
100 g Panceta vom Ibérico-Schwein

Schinkenfett
200 g Schinkenspeck

Füllung der flüssigen Ravioli
100 g gekochte Kartoffeln
60 ml Kochwasser der Kartoffeln
30 g Schinkenfett (zuvor zubereitet)
60 ml Sahne
1 $^{1}/_{4}$ Gelatineblätter

Fleischfond
500 g Rinderfüße
500 g Rippenfleisch vom Rind
6 g normale Petersilie
100 g Möhren
200 g Zwiebeln
100 g Porree
200 g reife Tomaten
1 Thymianzweig
1 Rosmarinzweig
250 g Zucker
1 500 ml junger Rotwein
3 l Wasser

Sauce
200 ml Fleischfond (zuvor zubereitet)
25 g Schinkenfett (zuvor zubereitet)

Zubereitung

Presa vom Ibérico-Schwein
1. Das Fett von der Presa entfernen.

Panceta-Scheiben
1. Das überschüssige Salz von der Panceta entfernen, die Schwarte abschneiden und in Würfel von 6 x 6 cm Kantenlänge schneiden.
2. Die Panceta-Würfel in Zellophanfolie einwickeln und einfrieren, um das Schneiden in Scheiben zu erleichtern.
3. 4 sehr feine Scheiben in der Schneidemaschine zurechtschneiden.

Schinkenfett
1. Die Speckstückchen bei niedrigster Stufe in die Mikrowelle legen, um das Fett zu lösen.
2. Diesen Vorgang wiederholen, bis man die notwendige Menge für die Füllung der Ravioli und die Sauce herausbekommt.

Füllung der flüssigen Ravioli
1. Die Kartoffeln schälen, in Stücke schneiden und in der angemessenen Menge Wasser kochen.
2. Die gekochten Kartoffeln und ihr Kochwasser sowie die Sahne und das Schinkenfett mischen, die Mischung in einen Mixer geben und noch warm pürieren.
3. Die zuvor in kaltem Wasser eingeweichte Gelatine zu dem recht feinen Püree dazugeben und mit Salz abschmecken.
4. In einen Spritzbeutel füllen und im Kühlschrank abkühlen lassen.

Flüssige Ravioli aus Jabugo
1. In die Mitte jedes Panceta-Streifens 10 g der Füllung der flüssigen Ravioli geben.
2. Die 4 Seiten über der Creme zusammenfalten, um die Ravioli zu schließen.
3. Bis zum Gebrauch auf Backpapier im Kühlschrank aufbewahren.

Fleischfond
1. Das Rippenfleisch vom Rind und die Knochen bei 180 °C erhitzen, bis diese eine schöne goldbraune Farbe angenommen haben.
2. Den Rotwein mit dem Zucker reduzieren und den Braten damit bepinseln.
3. Zwiebeln, Porree, Möhren und Tomaten in dieser Reihenfolge anbraten. Zuletzt die Kräuter zufügen.
4. Die Knochen und den Wein zusammen mit dem Gemüse in einen hohen Topf geben und mit Wasser bedecken.
5. Bei mittlerer Hitze 12 Stunden kochen.
6. Durch ein Sieb mit Metallmaschen passieren und den Fond schnell abkühlen.
7. In Plastikgefäße umfüllen und den Fond kalt stellen.
8. Das Fett vom Fleischfond abschöpfen und bis zum gewünschten Punkt reduzieren.

Sauce
1. Den Fleischfond mit Salz abschmecken und mit dem Schinkenfett vermischen.
2. In einem Wasserbad stehen lassen.

Fertigstellung und Präsentation

Die Presa vom Ibérico-Schwein salzen und von beiden Seiten scharf anbraten.

In 4 Portionen à 45–50 gr aufteilen.

Die Panceta-Ravioli im Ofen erwärmen, damit das Kartoffelpüree und der Schinken im Inneren zerfließt.

Die Presa in die Mitte des Tellers legen, darauf die Ravioli aus Speck und einige Maldon Salzkristalle platzieren.

Zum Schluss einige Tropfen der Sauce darüber träufeln.

Tournedó aus Schweinefüßchen mit Linsen

Tournedó aus Schweinefüßchen mit Linsen

Zutaten

Gekochte Schweinefüßchen

800 g Schweinefüßchen

4 l Wasser

100 g Möhren

100 g Zwiebeln

100 g Porree

2 Lorbeerblätter

5 g schwarze Pfefferkörner

10 g grobes Salz

2 g ganze Nelken

Schweinenetz

100 g Schweinenetz

Gebratene Lauchzwiebeln

1 Hand voll Lauchzwiebeln

Sauce aus Schweinefüßchen

200 ml Schweinefüßchen-Brühe

200 ml Fleischfond (zuvor zubereitet)

50 g Butter

40 g Maismehl

Linsensalat

80 g gekochte Linsen (zuvor zubereitet)

50 g reife Tomaten

1 g gemahlener Oregano

5 g Schnittlauch

10 ml Knoblauchöl

1 g Salz

Zubereitung

Gekochte Schweinefüßchen

1. Die Schweinefüßchen mithilfe eines Bunsenbrenners und eines Messers rasieren.
2. In Längsrichtung in der Mitte mit einem Hackmesser durchtrennen.
3. In einen Kochtopf mit kaltem Wasser legen. Auf den Herd stellen und aufkochen lassen. Dann das warme Wasser durch frisches kaltes Wasser ersetzen und die restlichen Zutaten hinzufügen.
4. Wiederum zum Kochen bringen, den Deckel auf den Kochtopf legen und bei niedriger Hitze köcheln lassen, bis die Füßchen zart sind. Die Rückstände an der Oberfläche regelmäßig abnehmen.

Schweinenetz

1. Das Schweinenetz in kaltem Wasser waschen, bis dieses völlig sauber ist und abtropfen lassen.
2. Das Schweinenetz auf Küchenpapier ausbreiten, damit es trocknet.
3. Bis zum Gebrauch im Kühlschrank aufbewahren.

Gebratene Lauchzwiebeln

1. Die äußerste Schicht mit einem feinen Messer abnehmen und die Lauchzwiebeln auf einem Backblech ausbreiten.
2. Mit Salz bestreuen und in feinen Bindfäden Olivenöl darüber gießen.
3. 20 Minuten lang in den auf 150 °C vorgeheizten Ofen schieben.
4. Die äußere Schicht abziehen und den hellen und zarten, inneren Teil für die spätere Verwendung aufbewahren.

Tournedó aus Schweinefüßchen

1. Die Schweinefüßchen aus der Brühe nehmen, in der sie gekocht wurden, und vorsichtig die Knochen herausziehen, sodass sie so wenig wie möglich beschädigt werden.
2. Ein Backpapier mit einem in flüssige Butter getauchten Pinsel bestreichen und darauf eine rechteckige Portion Gekröse platzieren.
3. Auf das Schweinenetz 6 halbe Schweinefüßchen (übereinander und mit Salz gewürzt) und die gebratenen Lauchzwiebeln legen. Mit einem Löffel Schweinefüßchen-Brühe würzen.
4. Zu einem Zylinder von 3 cm Durchmesser zusammenrollen und mit einem Bindfaden zubinden.
5. Den Ofen auf 150 °C vorheizen und die Zylinder 40 Minuten lang im Ofen lassen.
6. Herausnehmen und im Kühlschrank abkühlen lassen.

Sauce aus Schweinefüßchen

1. Die Schweinefüßchen-Brühe mit dem Fleischfond in einem Topf zum Kochen bringen.
2. Mit Maismehl nach Belieben verdicken und zum Schluss die Butter zugeben, die der Sauce Glanz und Textur gibt.
3. Mit Salz abschmecken und bis zum Gebrauch in einem Wasserbad aufbewahren.

Gekochte Linsen

1 Die Linsen 12 Stunden lang in kaltem Wasser einweichen.
2 Die Linsen in kaltem Wasser waschen und bei niedriger Hitze in der Schweinefüßchen-Brühe kochen.
3 Sind diese einmal gekocht, mit Salz abschmecken und aus der Kochbrühe herausfischen.
4 Die Linsen auf einem Tablett ausgebreitet abkühlen lassen und im Kühlschrank aufbewahren.

Linsensalat

1 In das Tomatenfleisch mit zwei kreuzförmigen Schnitten einschneiden.
2 Den Stiel der Tomate mit einem Küchenmesser herausschneiden.
3 Die Tomaten in kochendes Wasser legen, bis die Schale sich zu lösen beginnt.
4 Mithilfe einer Schöpfkelle herausnehmen und in reichlich Eiswasser abkühlen lassen.
5 Schälen, das Fleisch in Stücke zerteilen und kleine Würfelchen von 0,5 cm Kantenlänge daraus schneiden.
6 In einer Schüssel Linsen, Tomaten, fein gehackten Schnittlauch, Oregano, Knoblauchöl und Salz mischen.

Fertigstellung und Präsentation

Das Backpapier von den Schweinefüßchen abziehen und in Portionen von 4 cm Höhe zerschneiden.

Von beiden Seiten in einer Pfanne goldbraun braten und mit der Sauce bestreichen.

Die Tournedós bei einer Temperatur von 130 °C 10 Minuten in den Ofen schieben.

Sobald diese aus dem Ofen kommen, zusammen mit dem Linsensalat servieren.

Kaninchenrippchen und schwarze Trüffel auf Coca mit Auberginen

Zutaten

Kaninchenrippchen
500 g Kaninchenrippchen

Auberginen
200 g Auberginen

Frisches Grün
1 Fenchelblüte
8 Mizuna-Blätter
8 dunkle Mangoldblätter
8 Senfblätter

Trüffelscheiben
10 g schwarze Trüffel

Außerdem
1 Ciabattabrot (Coca)
50 ml Olivenöl virgen
Maldon Salz

Zubereitung

Kaninchenrippchen

1 Die Kaninchenrippchen säubern, sodass die Knöchelchen in die Luft ragen.
2 Abwechselnd immer ein Knöchelchen herausbrechen, sodass zwei Rippchen ein Stück bilden, bis wir 5 Stücke pro Tapa haben.
3 In Portionen einteilen und in einem geschlossenen Gefäß im Kühlschrank aufbewahren.

Auberginen

1 Die Auberginen der Länge nach in zwei Hälften teilen.
2 20 Minuten lang mit grobem Salz reinigen, um den Saft und die Bitterstoffe herauszuziehen.
3 Die Auberginen bei 120 °C in Olivenöl frittieren.
4 Das Fleisch mit einem Löffel herausheben, in Streifen von 5 cm Länge schneiden und ein *Bouquet* von 30 g Gewicht daraus bilden.
5 In Portionen einteilen und im Kühlschrank aufbewahren.

Frisches Grün

1 Den Salat in sehr kaltem Wasser waschen und die zartesten Blätter auswählen.
2 Bis zum Gebrauch zwischen feuchtem Küchenpapier in einem zugedeckten Gefäß im Kühlschrank aufbewahren.

Trüffelscheiben

1 Die Trüffel mithilfe einer Bürste unter einem Wasserstrahl säubern.
2 Die Trüffel schälen und den rauesten Teil entfernen.
3 Mit der Mandoline in Scheiben von 1 mm Dicke hobeln.

Außerdem

1 Das Ciabatta-Brot in Portionen von 15 cm Länge zerteilen.
2 In Zellophanfolie einwickeln und einfrieren.
3 Mit der Brotschneidemaschine in Scheiben von 3 mm Dicke schneiden.
4 Die Brotscheiben von beiden Seiten im Salamander toasten.

Fertigstellung und Präsentation

Die Kaninchenrippchen mit Salz und Pfeffer würzen und von beiden Seiten in einer Pfanne scharf anbraten.

Die Aubergine warm mit Salz und Olivenöl virgen anrichten.

Der Länge nach auf dem Brot verteilen und abwechselnd die Kaninchenrippchen, das frische Grün und die gehobelten Trüffel darauf legen.

Zum Schluss mit Olivenöl virgen extra und Maldon Salz würzen.

Carpaccio aus Secreto vom Ibérico-Schwein mit Parmesan und Módena-Essig

Zutaten

Carpaccio aus Secreto vom Ibérico-Schwein

400 g Secreto Ibérico

50 ml Olivenöl virgen extra der Sorte Arbequina

10 g feines Salz

5 g schwarze Pfefferkörner

Módena-Essig-Reduktion

125 ml Módena-Essig

25 g Glukose

Außerdem

50 g Parmesankäse

100 g Pakchoi

2 g Schnittlauch

Zubereitung

Carpaccio aus Secreto vom Ibérico-Schwein

1. Das überschüssige Fett vom Secreto Ibérico entfernen.
2. Mit Salz und Pfeffer würzen und von beiden Seiten in der Pfanne scharf anbraten, das Innere blutig lassen.
3. Temperieren lassen und in Streifen von 2 mm Dicke schneiden.
4. Die Secreto-Streifen 10 Minuten lang in einer Mischung aus Olivenöl und etwas Módena-Essig einlegen.

Módena-Essig-Reduktion

1. Den Módena-Essig zusammen mit der Glukose bei niedriger Hitze reduzieren, bis dieser die Dichte von Karamell hat.

Außerdem

1. Den Schnittlauch klein hacken.
2. Die Pakchoi-Blätter mit Olivenöl und Salz anmachen.
3. Den Parmesankäse in kleine Splitter hobeln.

Fertigstellung und Präsentation

In der Mitte des Tellers ein *Carpaccio* aus den eingelegten Secreto-Streifen anrichten.

Darüber den Schnittlauch und die Parmesansplitter streuen.

Zum Schluss den Teller mit dem Módena-Essig besprühen und die Pakchoi-Blätter dazulegen. Einige Maldon Salzkristalle darauf anrichten, sofern gewünscht.

Der Pakchoi kann auch durch jeden anderen Salat ersetzt werden.

Wachtelschenkelchen und Carabineros *en pepitoria*

Zutaten

Wachtelschenkelchen *en pepitoria*
8 Wachtelschenkelchen
100 g Zwiebeln
20 ml Olivenöl 0,4
100 ml Weißwein
500 ml Geflügelfond
10 g frischer Knoblauch
20 g frische Mandeln
4 Safranfäden

1 gekochtes Eigelb
5 g Petersilie

Carabineros
8 Carabineros

Für die Garnitur
1 Ei
8 Safranfäden
4 frische Mandeln
12 Kerbelblätter

Zubereitung

Wachtelschenkelchen *en pepitoria*

1. Knoblauch und Mandeln bei mittlerer Hitze leicht in Olivenöl anbraten, sodass diese schön goldbraun werden.
2. Mandeln und Knoblauch herausnehmen, abtropfen lassen und den Vorgang mit den zuvor mit Salz und Pfeffer gewürzten Wachtelschenkelchen wiederholen, herausnehmen.
3. Die Zwiebeln in *Brunoise* hacken und in demselben Topf leicht anbraten, bis diese goldbraun sind.
4. Die Wachtelschenkelchen wieder in den Topf geben und weitere 5 Minuten anbraten. Mit Weißwein begießen.
5. Den Wein auf die Hälfte reduzieren, dann die Geflügelbrühe dazugießen und kochen, bis die Wachtelschenkelchen zart sind.
6. Die Wachtelschenkelchen herausnehmen und die Sauce durch ein feines Sieb passieren.
7. Gebratene Mandeln und Knoblauch, die Safranfäden, Petersilie, das gekochte Eigelb und einen kleinen Topf voll Kochbrühe der Wachtelschenkelchen mit dem Stabmixer pürieren.
8. Zu der Sauce geben und das Ganze weitere 5 Minuten kochen lassen.

Carabineros

1. Die Köpfe abtrennen und die Carabineros schälen.
2. Einen etwa 2 cm großen Schnitt an der schmalsten Stelle der Carabineros ansetzen, um vorsichtig den Darm herauszunehmen.

Außerdem

1. Das Ei kochen und das Eigelb vom Eiweiß trennen. Das Eiweiß in Würfelchen hacken und das Eigelb durch ein Sieb mit Metallmaschen passieren.
2. Die Mandeln in der Mitte halbieren.

Fertigstellung und Präsentation

Die Wachtelschenkelchen in die Sauce geben, bis diese schön warm sind.

Die auf den Punkt gekochten Carabineros dazugeben.

Mit dem Eiweiß des gekochten Eis, dem Safran und den Kerbelblättchen eine dekorative Linie auf den Teller zeichnen.

Wachtelschenkelchen und Carabineros in der Mitte des Tellers platzieren und das geraspelte Eigelb und die Mandeln seitlich davon anrichten.

Zum Schluss mit der Pepitoria-Sauce würzen.

Zarte Kutteltterrine mit Kichererbsenpüree

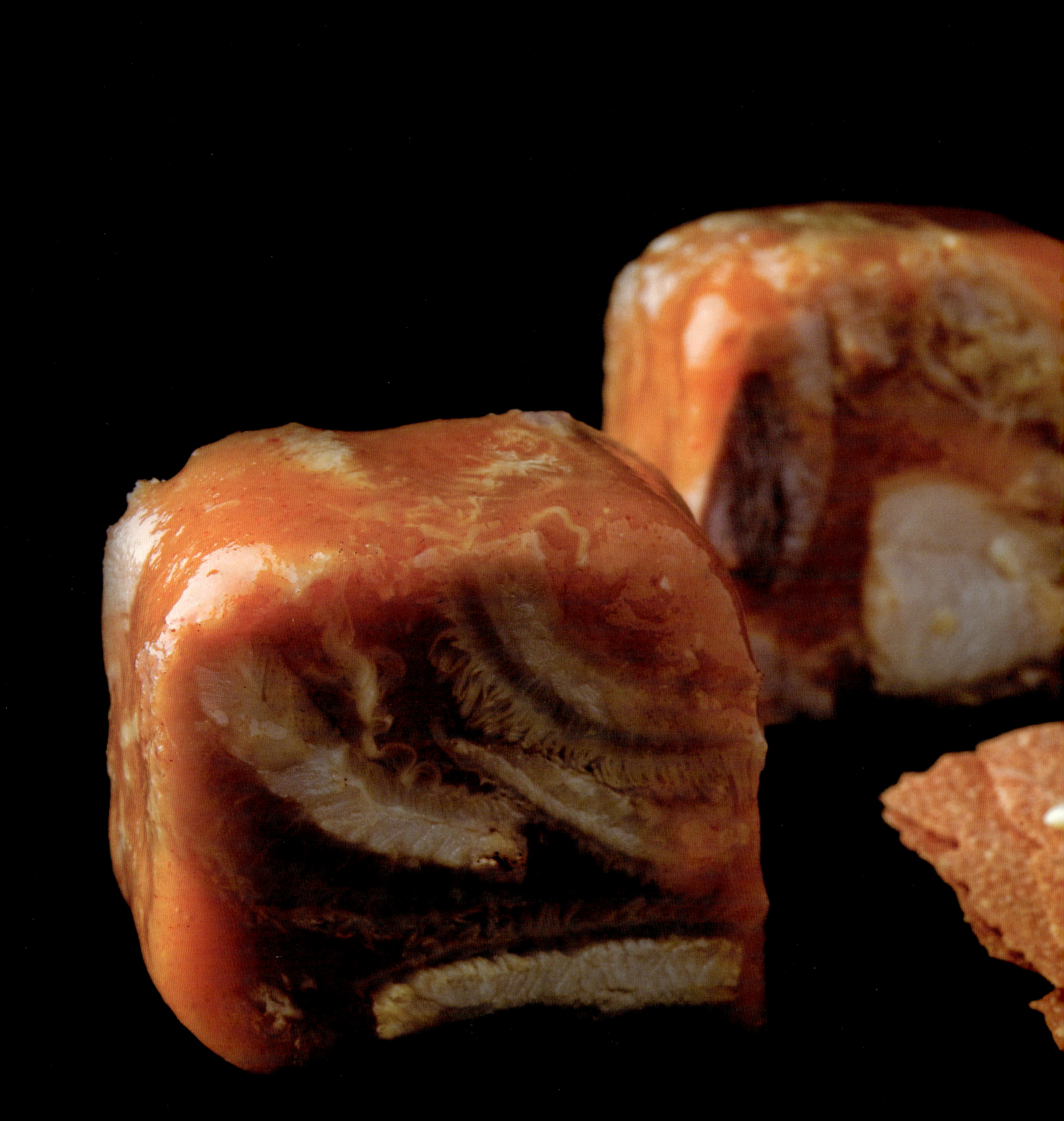

Zutaten

Kutteln mit Kichererbsen
500 g Kutteln
250 g Rindermaul
100 g Schinkenspeck
1 Schinkenknochen
1 Morcilla
1 Chorizo
75 g frischer Knoblauch
200 g Zwiebeln
100 ml Olivenöl
20 g Petersilie
3 Lorbeerblätter
15 g Paprikapulver
5 g gemahlener weißer Pfeffer
50 g grobes Salz
150 g Kichererbsen

Zubereitung

Kutteln mit Kichererbsen

1. Die Kichererbsen mit grobem Salz 12 Stunden lang in warmem Wasser einweichen.
2. Die Kutteln und das Rindermaul mehrmals in frischem Wasser reinigen und mithilfe einer Bürste, Salz und Zitrone das Fett entfernen.
3. Kutteln und Rindermaul aufkochen und das Kochwasser wegschütten.
4. Das Wasser wechseln und sobald es zu kochen beginnt, Speck, Schinkenknochen, Morcilla, Chorizo, 1 Zwiebel, Knoblauch, Lorbeerblätter, Petersilie, Salz und Pfeffer, sowie die in ein Netz gelegten Kichererbsen zufügen.
5. Mithilfe eines Schaumlöffels die Rückstände abschöpfen und die Kichererbsen herausnehmen, wenn diese gar sind. Den Rest kochen lassen, bis auch Kutteln und Rindermaul zart sind.
6. Die Zwiebeln sehr fein hacken, bei niedriger Hitze leicht anbraten und das Paprikapulver mit einer Messerspitze Mehl vermengt zufügen.
7. Diese Mischung zu den Kutteln dazugeben und weitere 15 Minuten kochen.

Kuttelterrine

1. Kutteln und Rindermaul von der Sauce befreien und noch warm in eine rechteckige Form legen.
2. In die Form pressen und im Kühlschrank abkühlen.

Kichererbsenpüree

1. Die Kichererbsen mit einem Teil der Kochbrühe des Schmorgerichtes im Mixer pürieren, bis keine Klümpchen mehr vorhanden sind.
2. Durch ein Sieb mit Metallmaschen passieren und bis zum Gebrauch warm halten.

Fertigstellung und Präsentation

Die Kuttelterrine auf die gewünschte Größe zurechtschneiden und bei mittlerer Hitze mindestens 2 Stunden lang im Ofen backen.

Zusammen mit einer Portion Kichererbsenpüree auf einem Teller servieren.

Bratspieße aus Hühnchen-Teriyaki mit elektrischer Zuckerwatte

Bratspieße aus Hühnchen-Teriyaki mit elektrischer Zuckerwatte

Zutaten

Teriyaki-Sauce
50 ml Sake
50 ml Mirin
50 ml Sojasauce
25 g Zucker
10 g Ingwer
5 g gehackter Knoblauch

Hühnchenspieße
80 g Hühnchenbrust
100 ml Teriyaki-Sauce (zuvor zubereitet)

Zuckerwatte
100 g Zucker

Außerdem
1 *Sechuan Button*-Blüte
8 rote *Sisho*blätter
4 Bratspieße

Zubereitung

Teriyaki-Sauce

1 Alle Zutaten vermischen und reduzieren, bis diese die Dichte von Karamell angenommen haben.

Hühnchenspieße

1 Die Hühnchenbrust in rechteckige Stückchen von 1 cm Breite x 3 cm Länge schneiden und in einer beschichteten Pfanne scharf anbraten.
2 Die Teriyaki-Sauce dazugeben und reduzieren, bis das Hühnchen glasiert ist.
3 Abtropfen lassen und die Spießchen daraus machen.

Zuckerwatte

1 Die Zuckerwatte-Maschine einige Minuten vorheizen und dann den Zucker an die dafür vorgesehene Stelle geben.
2 Wenn aus der Maschine feine Zuckerfäden herauskommen, damit beginnen, die Hühnchenzuckerwatte zu formen, bis diese den gewünschten Umfang angenommen hat.

Fertigstellung und Präsentation

Über den Bratspießen aus Hühnchen und Zuckerwatte die roten Sishoblätter und die *Sechuan Button*-Blüte zerpflücken.
Sofort servieren.

Täubchen mit Pfirsichen

Zutaten

Geschmorte Täubchen mit Pfirsich

2 junge Täubchen
100 g Zwiebeln
50 g Möhren
50 g Porree
800 g Pfirsiche
100 g Fenchelknolle
100 g reife Tomaten
20 g Zucker
100 ml Cabernet-Essig
50 ml Brandy
50 ml Weißwein

Pfirsiche

400 g Pfirsiche

Außerdem

12 Kerbelblätter
12 rote *Sisho*blätter
12 frische Minzblätter
12 Safranfäden

Zubereitung

Geschmorte Täubchen mit Pfirsich

1. Die Täubchen ausnehmen und mit einem Küchenpapier säubern.
2. Den Kopf und die Füße, die auf Höhe des Schienbeins abgeschnitten werden, wegwerfen.
3. Aus den Flügelchen und dem Hals der Täubchen eine Brühe machen.
4. Die Schenkelchen mit einem feinen Messer heraustrennen und die Brust in ihrem Gehäuse lassen.
5. Mit Salz und Pfeffer würzen, beide mit Mehl bestreuen, und Schenkel und Brust separat goldbraun braten.
6. Danach die Zwiebeln bei sehr niedriger Hitze anbraten und Porree und Möhren zufügen.
7. Die Fenchelknolle und die geschälten, in kleine Stücke gehackten Pfirsiche dazugeben.
8. Die Tomaten zusammen mit dem Zucker zufügen und den Herd höher stellen, bis diese karamellisieren.
9. Den Essig zum Glasieren benutzen, und ihn fast vollständig verdunsten lassen.
10. Den Brandy dazugießen und flambieren.
11. Den Weißwein zufügen, reduzieren und mit der Brühe der Täubchen, die wir zuvor zubereitet haben, begießen.
12. Die Schenkel zufügen und bei sehr niedriger Hitze köcheln, bis diese zart sind.
13. Die Brüstchen dazugeben, aufkochen und in der Brühe abkühlen lassen.
14. Die Knochen aus den Brüstchen herausnehmen.
15. Die Sauce in einem Mixer pürieren und durch ein Sieb mit Metallmaschen passieren. Reduzieren, abkühlen lassen und einen Teil davon mit den Schenkeln, den anderen Teil mit den Brüstchen aufbewahren.

Pfirsiche

1 Die Pfirsiche schälen und mit einem Kugelausstecher Kugeln von 1 cm Durchmesser herausholen.
1 Mithilfe eines Schälmessers feine Bänder daraus schneiden.

Fertigstellung und Präsentation

Schenkel und Brüstchen in der Sauce erhitzen.

Mit den Kräutern, den Bändern und den Kugeln aus Pfirsich anrichten und wie einen Salat am Rand des Tellers platzieren.

Die Brüstchen in 3 Portionen teilen und in die Mitte des Tellers legen. Die Schenkel des Täubchens an das Brüstchen anlehnen und zum Schluss die Sauce darüber gießen.

Kalbshaxen
mit Äpfeln *en papillote*

Zutaten

Kalbshaxen
1 200 g Kalbshaxen
1 kg grobes Salz
500 g Zucker
4 Thymianzweige
4 Rosmarinzweige
50 g Butter

Papillote aus Äpfeln
300 g *Granny Smith*-Äpfel
4 frische Estragonzweige
50 ml Mandelöl
1 Zimtstange
4 Papiere für die Papilloten

Zubereitung

Kalbshaxen

1. Das überschüssige Fett mithilfe eines feinen Messers von den Haxen entfernen.
2. Die Haxen 2 Stunden lang mit Salz und Zucker bedecken, die zuvor gemischt wurden. Das wird deshalb gemacht, damit das ganze Stück (von innen nach außen) gleichmäßig gesalzen ist.
3. Mit kaltem Wasser waschen und trocknen.
4. Die Haxen mit den Aromen in einen Vakuumbeutel füllen und versiegeln.

Kochen der Kalbshaxen

1. Die verpackten Haxen bei einer Temperatur von 95 °C 4 Stunden lang dampfgaren.
2. In Eiswasser abkühlen.
3. Bis zum Gebrauch im Kühlschrank aufbewahren.

Apfel-Papilloten

1. Die Papiere für die Papilloten über Schüsselchen ausbreiten, um diese leichter befüllen zu können.
2. Auf jedes Papier einen halben geschälten Apfel, der in 3 Stücke geteilt ist, setzen. Die frischen Estragonzweige, die zur Hälfte geöffnete Zimtstange (hochkant) und einige Tropfen Mandelöl dazugeben.
3. Die Papilloten mit einem Bindfaden verschließen.

Fertigstellung und Präsentation

Die Haxen 25 Minuten lang in einem Wasserbad erwärmen.

Dann aus dem Vakuumbeutel herausnehmen und den Saft aufheben.

Die Haxen in einer Pfanne goldbraun braten, dabei gleichmäßig mit ihrem eigenen Saft glasieren.

In Stücke zerteilen und im Ofen warm halten.

Die Papilloten in eine beschichtete Pfanne legen und langsam erwärmen, sodass diese sich aufblähen und in ihrem eigenen Dampf garen.

Die Kalbshaxen zusammen mit den Apfel-Papilloten servieren, die erst im Moment des Servierens mit einer Schere geöffnet werden, damit ihr ganzes Aroma zur Geltung kommt.

Zutaten

Entenbrust
2 Jungenten
50 g Mehl
200 ml Olivenöl

Enten-Jus
Korpus der Entchen
3 l junger Rotwein
1 l Wasser
10 g Zucker

Escabeche aus Rotwein
100 g Möhren
100 g Porree
25 g frischer Knoblauch
200 g geschälte Zwiebeln
100 g reife Tomaten
1 Thymianzweig
1 Rosmarinzweig
1 Lorbeerblatt
250 ml Olivenöl 0,4
125 ml Sherry-Essig
500 ml Fond der Entchen (zuvor zubereitet)

Gemüsebeilagen
100 g Erbsen
100 g Blumenkohl
1 Artischocke
100 g Lauchzwiebeln
100 g Broccoli
100 g Pfifferlinge
150 g reife Tomaten
100 g Baby-Steckrüben
4 Baby-Möhren
4 grüne Spargelstangen

Außerdem
4 Lavendelblätter
4 Rosmarinblüten
4 Holunderblüten

Zubereitung

Entenbrust

1 Die Entchen säubern, indem Schenkel und Brust voneinander getrennt werden. Haut und die Knochen bleiben daran, die Innereien werden herausgenommen. Die Schenkel werden für andere Zubereitungen aufbewahrt.
2 Hals, Flügel und Gerippe für die Herstellung des Enten-Jus verwenden.
3 Die Brüstchen mit Salz und Pfeffer würzen, in Mehl wälzen und in warmem Olivenöl zuerst von der Hautseite (2 Minuten von jeder Seite) anbraten.
4 Das überschüssige Fett abgießen.

Jus der Entchen

1 Den Korpus der Entchen braten, bis dieser eine schöne goldbraune Farbe angenommen hat.
2 Rotwein und Wasser über den Braten gießen und bei niedriger Hitze kochen, bis ½ l Jus davon übrig bleibt.
3 Zuletzt den Zucker zufügen, um die Säure des Weins zu reduzieren, und durchsieben.

Leichte Escabeche aus Rotwein

1 Den Knoblauch grob würfeln, Zwiebeln, Porree, Möhren und Tomaten in 1 cm große Würfel hacken und ein *Bouquet* aus den Kräutern machen.
2 Bei niedriger Hitze und in dieser Reihenfolge Knoblauch, Zwiebeln, Porree und Möhren in etwas Olivenöl anbraten.
3 Den Jus der Entchen zum Gemüse dazuschütten und reduzieren.
4 Den Essig zufügen und 30 Minuten lang bei niedriger Hitze köcheln lassen.
5 Olivenöl und Gewürze dazugeben.
6 Die Escabeche auf einer Temperatur von 80 °C halten und die Entenbrust hineinlegen. Vom Herd nehmen und 24 Stunden lang auskühlen lassen.
7 Im Kühlschrank aufbewahren.

Escabeche-Sauce

1 Die Brüstchen aus der Escabeche herausnehmen und durch ein Sieb mit Metallmaschen passieren.
2 Die flüssige Escabeche in einen hohen und schmalen Topf füllen, damit sich das Fett des Fonds absetzt, und die Brüstchen in Olivenöl legen.
3 Den Jus reduzieren, mit Salz würzen und zum Schluss mit dem Escabeche-Öl verschneiden.

Gemüsebeilagen

1 Die Blumenkohl- und Broccoliröschen herausschneiden.
2 Den Artischockenboden freilegen und in Stücke schneiden.
3 Die Pilze säubern.
4 Den Spargel schälen und die Spitzen aufheben.
5 Die Steckrüben schälen und in Streifen von 1 mm Dicke schneiden.
6 Die Baby-Möhren schälen.
7 Sämtliche Gemüse kurz anbraten und bis zum Gebrauch stehen lassen.
8 Die Tomaten schälen und in Stücke schneiden, dann schön verteilt mit etwas Olivenöl, Zucker und Salz auf ein Backblech legen.
9 Die Tomaten 20 Minuten lang bei 150 °C im Ofen konfieren und nachdem das Olivenöl abgeschöpft wurde, weitere 5 Minuten bei 190 °C konfieren.

Fertigstellung und Präsentation

Die Brüstchen der Jungenten in einem Teil der Escabeche erhitzen, bis diese den gewünschten Garpunkt erreicht haben.

Die Brüstchen in die Mitte des Tellers legen.

Das Gemüse mit dem Escabeche-Öl anbraten und neben der Entenbrust platzieren.

Mit den Blüten würzen und dekorieren.

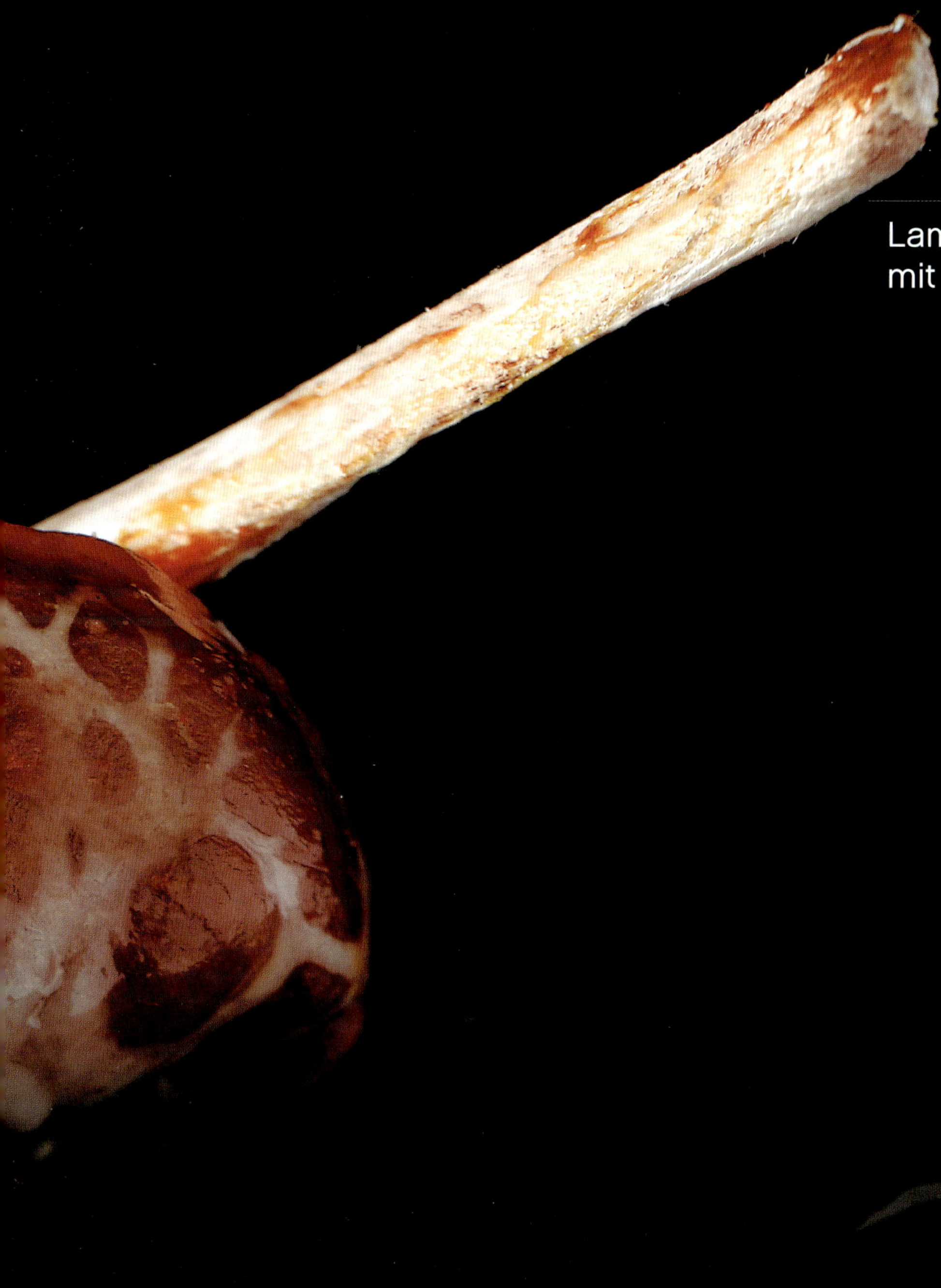

Lammrippchen *en crepinette* mit Tomate und Mozzarella

Lammrippchen *en crepinette* mit Tomate und Mozzarella

Zutaten

Lamm
1 500 g Milchlamm-Carré

Schweinenetz
200 g *crepinette*

Konfierte Tomaten
400 g reife Tomaten
100 ml Olivenöl 0,4
10 g feines Salz, 5 g Zucker

Mozzarella
1 Mozzarella

Lammfond
320 g Lammknochen
50 g geschälte Zwiebeln
25 g frischer Knoblauch
40 ml Sherry
500 ml Weißwein
40 ml Brandy
1 g Petersilie
1 g schwarze Pfefferkörner
1 Thymianzweig,
1 Rosmarinzweig
20 g Zucker
2 l Wasser

Kräuteröl
100 ml Olivenöl 0,4
20 g Kerbel
20 g frischer Estragon
20 g Basilikum
20 g Petersilie
20 g Minze
20 g Schnittlauch
4 g Salz

Außerdem
80 g schwarze Oliven
2 Artischocken

Zubereitung

Lamm

1. Den Rücken aus dem Lammcarré herausschneiden und die Nerven und Häutchen entfernen.
2. Die Rippenknochen säubern und bis zum Gebrauch aufheben.
3. Die Filets und das Rippenfleisch für andere Zubereitungen aufheben.
4. Den Rücken in Portionen von 40-50 g zerteilen und mit Salz und Pfeffer würzen.
5. Jede Portion von einer Seite goldbraun braten.

Schweinenetz

1. Das Schweinenetz in kaltem Wasser waschen, bis alle Unreinheiten beseitigt sind und abtropfen lassen.
2. Dann zwischen Küchenpapier ausbreiten damit das Schweinenetz trocknet.
3. Bis zum Gebrauch im Kühlschrank aufbewahren.

Konfierte Tomaten

1. In den inneren Teil der Tomate mit zwei Schnitten kreuzförmig einschneiden.
2. Den Stiel der Tomate mit einem Küchenmesser herausschneiden.
3. Die Tomaten in kochendes Wasser einlegen, bis die Haut sich zu lösen beginnt.
4. Mithilfe einer Schaumkelle herausnehmen und in reichlich Eiswasser abkühlen.
5. Schälen und in Stücke zerteilen.
6. Die Tomatenstücke zusammen mit den Basilikumblättern und dem Olivenöl schön verteilt auf ein Backblech legen.
7. Salz und Zucker darüber streuen.
8. 20 Minuten lang bei 150 °C im Ofen konfieren.
9. Das überschüssige Öl abgießen und weitere 5 Minuten bei 190 °C konfieren.
10. Mit etwas Olivenöl und frischen Basilikumblättern in einem zugedeckten Plastikgefäß aufbewahren.

Mozzarella

1. Den Mozzarella aus der Verpackung nehmen und das Wasser für andere Zubereitungen aufbewahren.
2. In 0,5 cm große Scheiben schneiden.

Lamm *en crepinette*

1. Die Tomaten- und Mozzarellastücke auf den goldbraun gebratenen Teil der Lamm-Medaillons legen.
2. Die Medaillons mit dem Schweinenetz vollständig umwickeln.
3. Dann die Medaillons mit den gesäuberten Rippenknochen aufspießen.

Lammfond

1. Die Lammknochen bei 180 °C braten und mit Weißwein übergießen.
2. Die Gemüse in einem Kochtopf anbraten und die Knochen, Brandy und Sherry zufügen.
3. Die Spirituosen auf die Hälfte reduzieren und kochen, bis $\frac{1}{2}$ l Lammfond daraus geworden ist.
4. In Plastikgefäßen aufbewahren und in den Kühlschrank stellen.
5. Die Fettschicht abschöpfen, die sich an der Oberfläche gebildet hat.

Kräuteröl

1. Die Kräuter in kochendem Wasser mit Salz kurz aufkochen.
2. In Eiswasser abkühlen, abtropfen lassen und trocknen.
2. Die Blätter zusammen mit dem Öl in einem Mixer pürieren.
4. In einen Dressing-Shaker füllen.

Außerdem

1. Die schwarzen Oliven in ganz kleine Würfelchen schneiden.
2. Den Boden der Artischocken freilegen und in Viertel schneiden.

Fertigstellung und Präsentation

Die Lammrippchen von der rohen Seite – die nicht gefüllt ist – bis zum gewünschten Garpunkt braten.

Die Artischockenviertel und die konfierten Tomatenstücke leicht anbraten und mit Salz abschmecken.

Auf den Tellern die konfierten Tomaten, die Artischocken, Lammrippchen und Olivenwürfelchen anrichten und zum Schluss mit dem reduzierten Lammfond und dem Kräuteröl würzen.

9 Cocktails

Die beste Definition für „Cocktail" ist Überraschung. Und damit er diesen Namen verdient, muss eine Kombination aus Getränken, mit oder ohne Alkohol, gemixt werden, die durch Präsentation, Geschmack und Duft den Gaumen und Geist erfreut, für den sie kreiert wurde.

Man muss sich dessen bewusst sein, dass dies der artistische Teil einer Bar ist, voller Mythen und Legenden, und natürlich großer Kreationen, meisterhaft ausgeführt von einem Barkeeper.

Für mich ist das der erste Kontakt mit dem Gast, und mithilfe neuer Techniken wie dem Flüssigstickstoff oder dem Spiel mit der Temperatur werden wir Sie überraschen.

„Die Amerikaner sind komische Leute; sie trinken Whisky, um sich warm zu halten und dann geben sie Eis dazu, um ihn zu kühlen, Zucker, um ihn zu süßen und ein Scheibchen Zitrone, um ihn spritzig zu machen. Danach prosten sie Dir zu – ‚Auf Sie!' – und trinken ihn selbst."

Bijoya Chakravarty

In diesem Kapitel

Empfohlenes Getränk	Technik / Konzept	Temperatur	Schwierigkeit
Flash aus Orangen und Jerez	Emulgatoren	Gefroren	★☆☆☆☆
Cosmopolitan Martini	Flüssigstickstoff	Halbgefroren	★★☆☆☆
Campari Orange in flüssigem Ravioli	Sphärifikation	Kalt	★★★☆☆
Vermouth Sour	Flüssigstickstoff	Gefroren	★☆☆☆☆
Destornillador	Zuckerwatte	Kalt	★★☆☆☆

Zutaten

Andalusischer Cocktail
300 ml Orangensaft
100 ml Jerez / Sherry
50 g Zucker
50 ml Wasser
4 Tütchen aus Zellophanfolie von 10 cm x 2 cm Größe

Zubereitung

Andalusischer *Cocktail*
1 Wasser mit Zucker aufkochen und abkühlen lassen.
2 Orangensaft und Jerez bzw. Sherry dazugeben.
3 In die Tütchen aus Zellophanfolie füllen und verschließen.
4 Bei -20 °C in den Gefrierschrank legen.

Fertigstellung und Präsentation

Den oberen Teil der Zellophanfolie abschneiden und servieren.

Cosmopolitan Martini

Zutaten

Gefrorene Pastillen
50 ml Wodka
50 ml Martini Rosso
100 ml Heidelbeersaft
0,5 g Xanthan

Limettensirup
25 ml Wasser
25 g Zucker
50 ml frischer Limettensaft
0,3 g Xanthan

Gebadete Pastillen
4 gefrorene Pastillen (zuvor zubereitet)
100 ml Limettensirup (zuvor zubereitet)
500 ml Flüssigstickstoff

Cosmopolitan-Luft
50 ml Heidelbeersaft
25 ml Wodka
25 ml Martini Rosso
0,3 g Sojalecithin

Außerdem
2 g Zitronenschalen

Zubereitung

Gefrorene Pastillen
1. Alle Zutaten mit einem Stabmixer pürieren, bis eine homogene Masse ohne Klümpchen entstanden ist.
2. Auf semisphärische Förmchen von 2,5 cm Größe verteilen und bei -20 °C einfrieren.

Limettensirup
1. Wasser und Zucker kurz aufkochen und abkühlen lassen.
2. Den frisch gepressten Limettensaft zufügen und mit Xanthan mischen.
3. Mit einem Stabmixer pürieren, bis eine homogene Masse ohne Klümpchen entstanden ist.
4. 2 Stunden lang im Kühlschrank ruhen lassen.

Gebadete Pastillen
1. Die semisphärischen Pastillen aus den Förmchen lösen, in das Limettensaftbad legen und abtropfen lassen.
2. In Flüssigstickstoff gefrieren.
3. Die Pastillen noch 2 Mal darin baden und bei -20 °C einfrieren.

Cosmopolitan-Luft
1. In einem Messbecher sämtliche Zutaten kombinieren.
2. Mit dem Stabmixer in schräger Position pürieren, damit sich an der Oberfläche ein Schaum (oder die Cosmopolitan-Luft) bildet.
3. Die Luft einige Minuten vor der Verwendung ruhen lassen.

Fertigstellung und Präsentation

Die gebadeten Pastillen 5 Minuten vor dem Servieren aus dem Gefrierschrank nehmen.

Die Cosmopolitan-Luft mit der geriebenen Zitronenschale garnieren.

Campari Orange in flüssigem Ravioli

Zutaten

Ravioli
250 ml Campari
2 g Alginat

Calciumchlorid
500 ml Wasser
5 g Calciumchlorid

Orange
500 ml Orangensaft

Außerdem
4 frische Basilikumblätter
1 g gemahlener weißer Pfeffer
1 g Wacholder

Zubereitung

Campari-Mischung
1. Den kalten Campari mit dem Alginat mischen und mit einem Rührstab pürieren, bis eine homogene Masse ohne Klümpchen entstanden ist.
2. Mindestens 2 Stunden lang im Kühlschrank ruhen lassen.

Chlorid-Mischung
1. Das Chlorid mit Hilfe eines Schneebesens in Wasser auflösen.
2. Bis zum Gebrauch im Kühlschrank aufbewahren.

Orange
1. Den Orangensaft in einem Förmchen von $^1/_2$ cm Dicke einfrieren.
2. In Würfel von $^1/_2$ cm Kantenlänge schneiden.
3. Bis zum Gebrauch im Gefrierschrank aufbewahren.

Fertigstellung und Präsentation

Einen Dosierlöffel mit 18 g der Campari-Mischung und einem gefrorenen Orangenwürfel füllen.

In das Wasser mit dem Calciumchlorid einlegen, sodass perfekte Sphären daraus entstehen, 2 Minuten darin ruhen lassen.

Die Campari-Ravioli herausnehmen und in Wasser tauchen, um sie so zu säubern.

Die Ravioli abtropfen lassen, so vorsichtig, dass sie nicht auseinanderbrechen und auf Chinalöffeln anrichten.

Zum Schluss Basilikum, Pfeffer und Wacholder darauf legen.

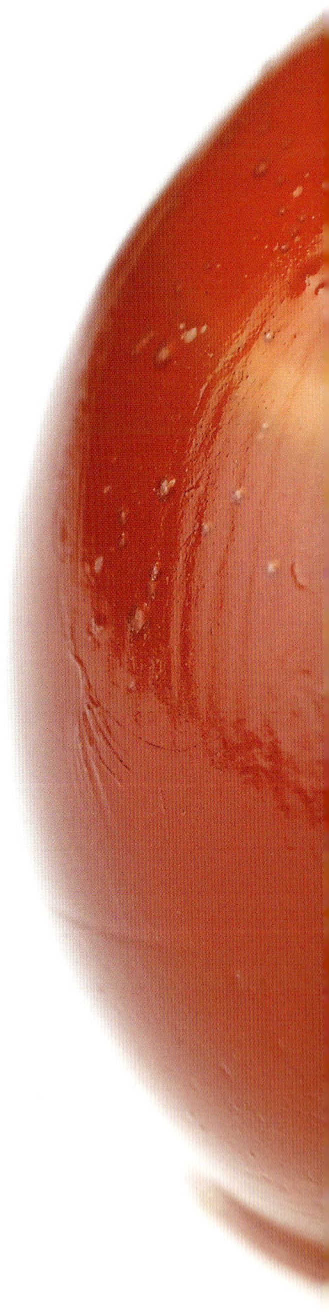

Vermouth Sour

Zutaten

Vermouth Sour

300 ml Martini Rosso

50 ml frisch gepresster Zitronensaft

25 g Zucker

25 ml Wasser

2 Schuss Angostura

500 ml Flüssigstickstoff

Zubereitung

Vermouth Sour

1. Das Wasser zusammen mit dem Zucker aufkochen und abkühlen lassen.
2. Den frisch gepressten Zitronensaft zufügen.
3. In einem Messbecher mit Martini und Angostura kombinieren.

Fertigstellung und Präsentation

Das Sorbet sofort zubereiten, indem die Basis aus Martini und der Flüssigstickstoff mithilfe eines Schneebesens vermischt werden.

Sofort servieren.

Destornillador

Zutaten

Destornillador-Basis

50 ml frisch gepresster Orangensaft

50 ml Wodka

25 ml Olivenöl

1 g Xanthan

1 Espuma-Schäumer von $\frac{1}{2}$ l

1 Gaspatrone

Zuckerwatte

50 g Zucker

Außerdem

100 ml Orangensaft

Zubereitung

Destornillador-Basis

1. Orangensaft und Wodka mit Xanthan in einen Messbecher füllen.
2. Mit einem Rührstab pürieren, bis eine homogene Masse ohne Klümpchen entstanden ist.
3. Mit Olivenöl virgen extra in feinen Bindfäden emulgieren.
4. Die homogene Mischung in einen Espuma-Schäumer füllen und mit den Gaspatronen laden.
5. Mindestens 2 Stunden im Kühlschrank stehen lassen.

Zuckerwatte

1. Die Zuckerwatte-Maschine einige Minuten vorheizen und den Zucker an die dafür vorgesehene Stelle legen.
2. Die Zuckerwatte – mithilfe eines Spießchens – formen, sobald aus der Maschine feine Zuckerfäden herauskommen, bis das gewünschte Volumen erreicht ist.

Fertigstellung und Präsentation

Die Destornillador-Basis 5 Minuten vor dem Verzehr in das dafür vorgesehene Gefäß füllen.

Die Zuckerwatte auf den Destornillador legen.

Den Orangensaft über die Zuckerwatte gießen, damit diese sich über der Destornillador-Basis auflöst.

10 Schokolade

Schokolade ist von Mythen und Legenden umrankt, von Wahrheiten und Unwahrheiten, und wie jedes Produkt, das geschätzt wird, von Kuriositäten. Aber vor allem hat sie unzählige Bewunderer – zu denen ich mich auch zähle – und es ist angebracht, diesem „schwarzen Gold“ einen exklusiven Teil zu widmen.

Die Kakaobohnen wurden von den Azteken als Tauschmittel benutzt. Im 18. Jahrhundert wurde sie von Apotheken aufgrund ihrer energiespendenden und revitalisierenden Eigenschaften als heilende Schokolade angeboten. Im ersten und zweiten Weltkrieg entwickelte sie sich zu einem lebensnotwendigen Nahrungsmittel und war Teil einer Notration mit dem Namen Ration „D“. Auch wenn schon viel über sie geschrieben wurde, widmen wir im Jahr 2006 einem der Juwele der Gastronomie ein einfaches und süßes Kapitel.

In diesem Kapitel

Empfohlenes Gericht	Technik / Konzept	Temperatur	Schwierigkeit	Empfohlenes Getränk
Coulant-Nitro aus Schokolade	Flüssigstickstoff / *Coulant*	Kalt	★★★★☆	Portwein LBV
Cremiges aus Schokolade und Tee mit balsamischer Wolke	Creme / Wolken	Kalt	★★★☆☆	Portwein Tawny
5 Geschmacksrichtungen in Schokolade	Creme / Geschmacksrichtungen und Texturas	Kalt	★★★★☆	PX D. O. Montilla-Moriles
Granité aus Schokolade an Kardamom mit Royal de Pasión	Granité / Royal	Kalt	★★★☆☆	PX D. O. Jerez
Kalte Schokolade warme Milch	Spiel mit der Temperatur	Kalt / Warm	★☆☆☆☆	Portwein Vintage

Coulant-Nitro aus Schokolade

Zutaten

Schokolade-Nitro-Schaum
30 g pasteurisiertes Eigelb
200 ml Vollmilch
80 ml pasteurisiertes Eiweiß
60 g Zucker
120 g Schokolade (70 %)

Brownie
100 ml pasteurisiertes ganzes Ei
50 g Weizenmehl
12 g Nüsse
12 g Butter
12 g Zucker
60 g Schokolade (70 %)

Schokoladensauce
60 ml Vollmilch
60 ml Sahne
25 g Zucker
25 g Glukose
75 g Schokolade (70%)

Karamellisierte Haselnüsse
50 g Haselnüsse
10 g Butter
20 g Zucker
10 ml Wasser

Außerdem
4 frische Minzblätter
Maldon Salz
20 g Haselnusspraliné
20 g Johannisbeeren

Zubereitung

Schokolade-Nitro-Schaum

1. Sahne und Zucker mischen, kochen und die gehackte Schokolade zufügen. Dabei gut mit dem Schneebesen schlagen, bis eine gleichmäßige Mischung entstanden ist.
2. Das Eigelb neben der Kochstelle dazugeben und durch ein Sieb mit Metallmaschen passieren.
3. In einen Espuma-Schäumer füllen, laden und mindestens 3 Stunden im Kühlschrank aufbewahren.

Brownie

1. Eier und Zucker mischen und energisch schlagen.
2. Die Butter schmelzen und mit der Schokolade vermischen, bis eine homogene Creme entstanden ist, die vorsichtig unter die Eier gehoben wird.
3. Das Mehl in kleinen Dosen und die gehackten Nüsse dazugeben.
4. Bei 190 °C im Ofen backen, abkühlen lassen und den Brownie zerkrümeln.

Schokoladensauce

1. Die Flüssigkeiten mit der Glukose erwärmen und die Schokolade schmelzen.
2. In einen Dressing-Shaker füllen und abkühlen lassen.

Karamellisierte Haselnüsse

1 Wasser und Zucker mischen, bei 114 °C kochen und die Haselnüsse dazugeben. Dabei ununterbrochen rühren, bis der Zucker karamellisiert.

2 Die Butter neben der Kochstelle zufügen, damit die Haselnüsse sich herauslösen lassen, wenn der Zucker abkühlt.

Außerdem

1 Die Haselnusspralinés mit Haselnussöl verdünnen.

2 Ein in kaltem Wasser abgeschrecktes Minzköpfchen und ein paar Johannisbeeren auf jeden Teller legen.

Fertigstellung und Präsentation

Mit dem Haselnusspraliné einen Kreis auf den Boden des Tellers zeichnen.

Den Kreis mit Schokoladensauce säumen.

4 Haselnusshälften an einer Seite des Pralinékreises platzieren, und auf der gegenüberliegenden Seite das zerkrümelte Brownie mit einer Prise Maldon Salz anrichten.

Eine Kelle in den Flüssigstickstoff halten, herausnehmen. Dann den Schokoladenschaum hineinfüllen, diesen mithilfe eines Löffels herauslöffeln und in den Flüssigstickstoff werfen, 8 Sekunden von jeder Seite.

Die gefrorene Schokoladenkugel herausnehmen und von einem Minzköpfchen gesäumt auf den Teller legen.

Cremiges aus Schokolade und Tee

100 ml Vollmilch

100 ml Sahne

40 g Zucker

40 g pasteurisiertes Eigelb

120 g Schokolade (70 %)

½ Blatt Gelatine

10 g grüner Tee (Macha)

Balsamische Wolke

1 Eukalyptusbonbon

200 ml Wasser

2 Gelatineblätter

Schokoladensauce

200 ml Wasser

80 g Schokolade (70 %)

30 g Glukose

Cremiges aus Schokolade und Tee

1. Sahne und Milch zusammen mit dem Zucker aufkochen, den Tee dazugeben, zudecken und 15 Minuten ziehen lassen. Danach durch ein Sieb mit Metallmaschen passieren.
2. Die zuvor zubereitete Mischung aufkochen und das Eigelb zufügen, bis eine Temperatur nicht über 80 °C erreicht ist. Dabei ununterbrochen rühren. Neben der Kochstelle die zuvor in kaltem Wasser eingeweichte Gelatine und die gehackte Schokolade dazugeben, bis eine homogene Mischung entstanden ist.
3. Im Kühlschrank aufbewahren.

Balsamische Wolke

1. Die Bonbons in warmem Wasser ziehen lassen und die Flüssigkeit in zwei Hälften teilen. Eine Hälfte in den Gefrierschrank stellen, ohne dass diese richtig gefriert.
2. In der anderen Hälfte die zuvor in kaltem Wasser eingeweichte Gelatine auflösen und mit einem Rührgerät emulgieren.
3. Zu dieser Emulsion die erste Hälfte dazuschütten und bei gleicher Geschwindigkeit weiterschlagen, bis diese die Textur von Biskuit erreicht hat.
4. In eine quadratische Form von 18 x 18 cm, die mit Backpapier ausgelegt wurde, füllen und einfrieren.
5. In Portionen von 6 x 2 x 2 cm schneiden und weiterhin im Gefrierschrank aufbewahren.

Schokoladensauce

1. Wasser mit Glukose aufkochen, mit der gehackten Schokolade mischen und homogenisieren.
2. Mindestens 12 Stunden lang im Kühlschrank ruhen lassen.

Fertigstellung und Präsentation

Eine *Quenelle* aus der Creme aus Schokolade und grünem Tee formen.

Auf dem Teller platzieren und an der Seite eine Portion der balsamischen Wolke anrichten.

Die Präsentation mit der Schokoladensauce schmücken.

5 Geschmacksrichtungen in Schokolade

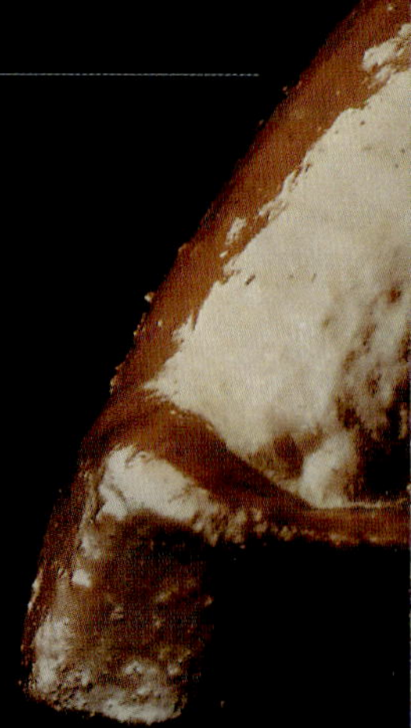

5 Geschmacksrichtungen in Schokolade

Zutaten

Dunkle Creme
50 g pasteurisiertes Eigelb
125 ml Vollmilch
125 ml Sahne
120 g Guinea-Kuvertüre
50 g Zucker
500 g Gelatine

Helle Creme
50 g pasteurisiertes Eigelb
125 ml Vollmilch
125 ml Sahne
75 g Kakaobutter
300 g weiße Kuvertüre bester Qualität 60-38
50 g Gelatine

Campari-Pralinen
100 ml Vollmilch
100 ml Sahne
1,2 g Agar-Agar
75 ml Campari

Toffee-Pralinen
125 ml Sahne
125 g Zucker
1 g Agar-Agar

Zubereitung

Dunkle Creme
Milch, Sahne und Zucker in einem Topf mischen.

Auf 80 °C erwärmen und Eigelb und Gelatine unterrühren, dabei ununterbrochen schlagen.

Neben der Kochstelle die Kuvertüre dazugeben und die Mischung emulgieren.

Kalt stellen, damit sie fest wird.

Helle Creme
Die Milch und Sahne in einem Topf mischen.

Auf 80 °C erwärmen und Eigelb, Gelatine sowie die zerhackte Kakaobutter unter ständigem Schlagen zufügen.

Die warme helle Kuvertüre dazugeben.

Abkühlen lassen und aufheben.

Campari-Pralinen
Sahne und Agar-Agar, das zuvor mit Zucker vermischt wurde, kochen.

Den lauwarmen Campari dazugießen und kalt stellen.

Toffee-Pralinen
Den Zucker bei niedriger Hitze unter ständigem Rühren schmelzen, bis dieser karamellisiert, nach und nach die warme Sahne zufügen.

Agar-Agar dazugeben, wenn die Mischung kocht.

Den lauwarmen Baileys dazugießen.

Eukalyptusreduktion
75 g Zucker
100 g Glukose
250 ml Wasser
75 g Eukalyptusbeeren

Eukalyptusreduktion
Alle Zutaten kochen, bis die Mischung die Textur von flüssigem Karamell erreicht.

Bis zum Gebrauch im Kühlschrank kühlen.

Pralinen aus schwarzen Oliven
1,5 g Agar-Agar
125 ml Wasser
25 g Zucker
125 g Schwarze Olivenpaste

Ingwer-Pralinen
175 ml Vollmilch
75 ml Sahne
50 g Zucker
2 g gemahlener Ingwer
1,5 g Agar-Agar

Passionsfrucht-Pralinen
100 g Maracuja-Püree
50 g Zucker
1 g Agar-Agar
50 ml Wasser

Pralinen aus schwarzen Oliven
In einem Topf die schwarze Olivenpaste, Zucker und Wasser mischen.

Aufkochen und Agar-Agar dazugeben. 1 Minute kochen lassen und im Kühlschrank in einer Form mit 1 cm Höhe fest werden lassen. Aus der Form lösen und mit einem Förmchen 4 Pralinen von 3 cm Durchmesser daraus schneiden.

Ingwer-Pralinen
In einem Topf Sahne, Milch und Zucker mischen. Aufkochen und Agar-Agar dazugeben. 1 Minute kochen lassen und zuletzt den Ingwer zufügen.

Kalt stellen.

Passionsfrucht-Pralinen
Den mit Zucker gemischten Saft aufkochen und in diesem Moment Agar-Agar und Wasser zufügen.

Kalt stellen.

Fertigstellung und Präsentation

Auf den Teller die 5 Pralinen aus den 5 Cremes legen:

1. Campari-Basis + dunkle Creme + Bitterer Kakao
2. Schwarze Oliven-Basis + helle Creme + Maldon Salz
3. Passionsfrucht-Basis + dunkle Creme + Vitamin C
4. Toffee-Basis + helle Creme + Honig
5. Ingwer-Basis + dunkle Creme + Rosa Pfeffer

Mit der Eukalyptus-Reduktion Bänder zwischen die unterschiedlichen Schokoladenpralinen zeichnen.

Außerdem
Maldon Salz
Bittere Kakaobohnen
Vitamin C
Rosa Pfeffer
Honig

Zutaten

Granité aus Schokolade an Kardamom

150 g Schokolade (70 %)

25 g Kakaopulver

10 g Kardamom

500 ml Wasser

2 Gelatineblätter

Royal de Pasión

100 ml Passionsfruchtpüree

100 g Zucker

100 ml pasteurisiertes ganzes Ei

½ Blatt Gelatine

Kardamomgelatine

250 ml Wasser

4 g Kardamom

2 Gelatineblätter

50 g Zucker

Himbeerbonbon

100 g Isomalt

10 g gefriergetrocknete Himbeeren

Zubereitung

Granité aus Schokolade an Kardamom

1. Den Kardamom in Wasser 15 Minuten in einem zugedeckten Gefäß ziehen lassen. Durch ein Sieb mit Metallmaschen passieren.
2. Erwärmen, dann den Kakao, die zuvor in kaltem Wasser eingeweichten Gelatineblätter und die gehackte Schokolade dazugeben. Schlagen, bis eine homogene Mischung entstanden ist.
3. Einfrieren.

Royal de Pasión

1. In einem Topf bei niedriger Hitze die Passionsfrucht mit dem Zucker vermischen.
2. Das Ei zufügen und bei einer Temperatur nicht über 85 °C kochen.
3. Das halbe, zuvor in kaltem Wasser eingeweichte Gelatineblatt zufügen.
4. Im Kühlschrank abkühlen lassen.

Kardamomgelatine

1. Wasser mit Zucker und Kardamom in einem zugedeckten Gefäß 15 Minuten lang ziehen lassen. Durch ein Sieb mit Metallmaschen passieren.
2. Erwärmen, dann die 2 zuvor in kaltem Wasser eingeweichten Gelatineblätter dazugeben.
3. In ein Plastikgefäß umfüllen und im Kühlschrank fest werden lassen.

Himbeerbonbons

1. Isomalt bei einer Temperatur nicht über 165 °C auflösen.
2. Die gefriergetrockneten Himbeeren in dem karamellisierten Isomalt baden.
3. In einem zugedeckten Gefäß bei Raumtemperatur aufbewahren, damit keine Feuchtigkeit an das Bonbon kommt.

Fertigstellung und Präsentation

Das Royal de Pasión in das gewünschte Gefäß füllen.

Darauf das Granité aus Schokolade und die Kardamomgelatine anrichten.

Zum Schluss die Himbeerbonbons dazulegen.

Kalte Schokolade warme Milch

Zutaten

Kalte Schokolade

125 g Zartbitterschokolade (70 %)

125 ml flüssige Sahne

75 ml Milch

Warme Milch

250 ml Milch

0,7 g Xanthan

Zubereitung

Kalte Schokolade

1. Die Sahne aufkochen und die zerhackte Schokolade darin auflösen.
2. Dieser Mischung die lauwarme Milch zufügen und die Flaschen zu $^1/_4$ füllen.
3. Im Kühlschrank aufbewahren.

Warme Milch

1. Die Milch zusammen mit dem Xanthan in einem Mixer vermischen bis eine homogene Masse ohne Klümpchen entstanden ist.
2. Bis zum Gebrauch im Kühlschrank aufbewahren.

Fertigstellung und Präsentation

Die Milch in einem Stahltopf erhitzen.

Die Flaschen mit der Schokolade aus dem Kühlschrank nehmen und mit Hilfe eines Trichters die warme Milch auf die kalte Schokolade geben. Dabei darauf achten, dass diese besonders an den Wänden der Flasche herunterläuft, damit sich beide nicht vermischen.

Einen Strohhalm bis zum Flaschenboden einführen, damit zuerst die kalte Schokolade und dann die warme Milch getrunken wird.

Menüs

Menüs

Nachfolgend haben wir eine Menüserie aus einigen Rezepten dieses Buches zusammengestellt.

Diese Menüs wurden so kombiniert, dass sie mindestens ein Rezept aus jeder Gruppe der präsentierten Gerichte umfassen: Cocktail, Amuse-Bouche, Vorspeise, Fisch, Fleisch und Dessert.

Menüs

1

Cocktail
Andaluza

Amuse-Bouche
Butter aus Olivenöl
Kekse aus Kochbananen
Cremige Avocado mit Lachs

Vorspeisen
Tomatensuppe mit
einer Sphäre aus Olivenöl
Pochiertes Ei mit Trüffeln

Fisch
Meerbarbe mit Apfeltexturas

Fleisch
Tournedó aus Schweinefüßchen

Dessert
Präparierte Orangen

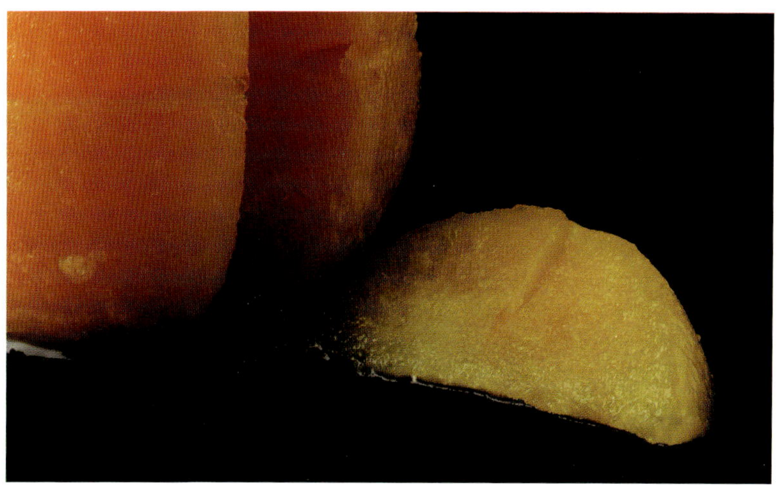

2

Cocktail
Destornillador

Amuse-Bouche
Butter aus Olivenöl
Hot Dog
Niguiri aus grünem Spargel

Vorspeisen

Leichte Erbsencreme

Pochiertes Ei mit
Pilz-Estofado

Fisch

Thunfisch mit grünen Pistazien

Fleisch

Entenbrüstchen
in Escabeche

Dessert

Coulant-Nitro aus Schokolade

3

Cocktail
Cosmopolitan Martini

Amuse-Bouche
Butter aus Olivenöl
Ravioli aus Olivenöl virgen
Carpaccio aus Secreto Ibérico

Vorspeisen
Grüner Spargel und Gambas
Spiegeleier mit Kartoffeln und Schinken

Fisch
Kabeljau „gustos básicos“

Fleisch
Wachtelschenkelchen

Dessert
Granité aus Schokolade

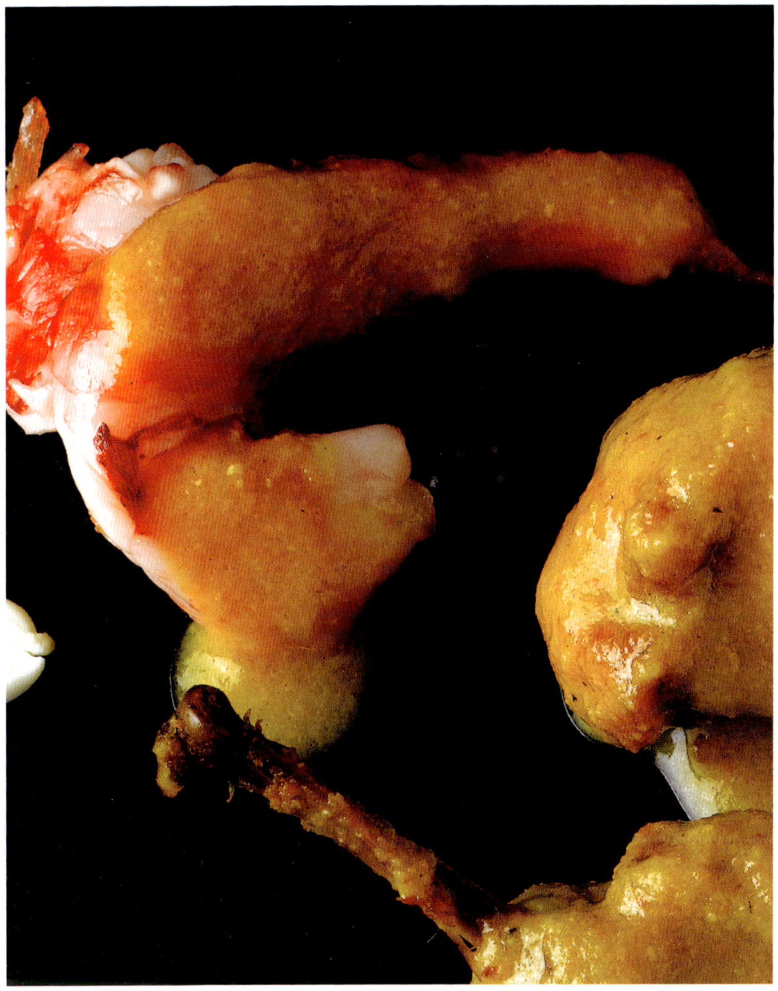

4

Cocktail
Vermouth Sour

Amuse-Bouche
Butter aus Olivenöl
Burrito aus Parmesankäse
Hühnchenspieße

Vorspeisen
Steinpilztarte
Kaputte Eier

Fisch
Seeteufel mit Pisto

Fleisch
Presa vom Ibérico-Schwein

Dessert
Cremiges aus Schokolade

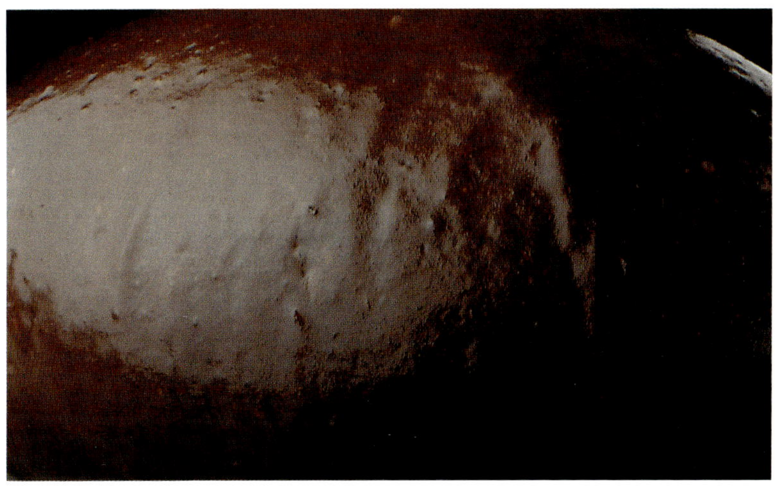

5

Cocktail
Campari Orange

Amuse-Bouche
Butter aus Olivenöl

Bocadillo auf dem Teller mit Sardinen

Maki in Tempura

Vorspeisen
Weiße Spargelspitzen in eigener Suppe

Pochiertes Ei mit Paprika

Fisch
Jakobsmuscheln und Batatepüree

Fleisch
Lammrippchen

Dessert
5 Geschmacksrichtungen in Schokolade

Wie das Buch entstanden ist

Dieses Buch wurde in den Monaten Juni, Juli und August 2006 in Madrid realisiert.

Dafür wurden fast 200 Fotos von Miniaturgerichten geschossen.

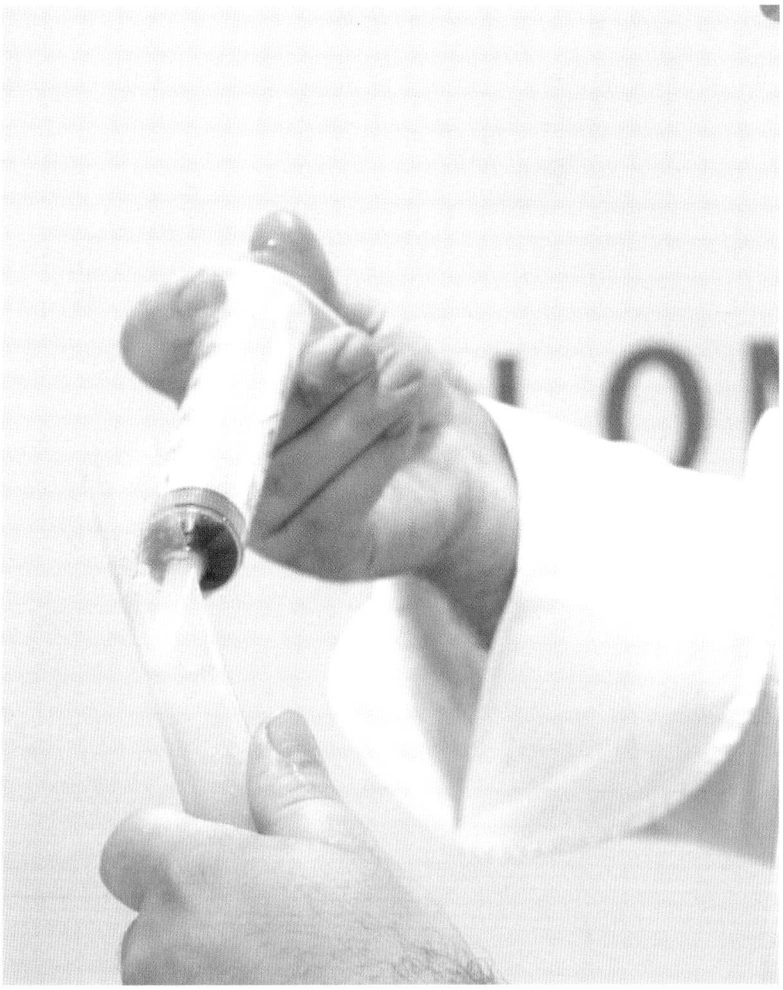